Jürgen Lewandowski
Herbert Völker
Marion Zellner

NEW BEETLE

Delius Klasing Verlag

Schon bei den ersten Skizzen war den Beteiligten klar, daß die Formensprache des klassischen Käfers erhalten bleiben sollte – doch der NEW BEETLE würde moderner und emotionaler werden.

Inhalt

Gefühl für einen frischen Käfer

Dies ist keine nostalgische Geschichte, denn alle Beteiligten schauen nach vorn. Dennoch: Jeder aus der mittleren oder älteren Generation hat sein Käfererlebnis, das er in irgendeiner Weise mitnimmt in die New-Beetle-Zeit. Auch Ferdinand Piëch war mittendrin, beispielsweise als 4jähriger: „Da seh' ich mich mit Händen in den Hosentaschen. Eine Straße in Wien, wenig Leute und noch weniger Autos, mitten im Krieg. Unser Käfer stand schief, weil Mutter ihn aufgebockt hatte. Sie wechselte ein Rad, und ich schaute zu. Die Haube vorn war offen, und ich hatte viel Zeit, den runden Tank und den Einfüllstutzen anzuschauen. Das Bild des Wagenhebers fehlt in der Erinnerung. Dafür hab' ich mir das Bild des Asphalts eingeprägt: Symmetrisch angeordnete kleine Grübchen ergaben ein ganz eigenartiges Muster. Und mittendrin der schiefe Käfer und Mutter beim Reifenwechseln."

Zu den Privilegien eines Enkels des Käfer-Konstrukteurs Ferdinand Porsche gehört die Lizenz zum frühen Schalten – etwa ab dem fünften Lebensjahr. Piëch: „Vom Beifahrersitz aus durfte ich für meinen Vater den Gang einlegen. Das Getriebe war unsynchronisiert, Vater hat Zwischengas gegeben, und ich konnte schalten. Wenn's fürchterlich gekracht hat, mußte ich für einige Zeit die Finger vom Schaltknauf lassen, aber langsam hat sich eine große Harmonie ergeben: Ich achtete auf das Motorgeräusch, und wenn ich ein bißchen Gaswegnehmen bemerkte, schaltete ich schon in den richtigen Gang, ohne daß mein Vater irgend etwas gesagt hätte.

Überlandfahrten aus der damaligen Zeit sind auch sehr stark mit der Erinnerung an überfahrene Hennen verbunden. Wenn mir die Phantasie keinen Streich spielt, muß es wohl so gewesen sein, daß sich laufend Hühner auf die Straße stürzten. Und natürlich gab's Reifendefekte, zu denen wir in Österreich Patschen sagten. Keine Autoreise ohne Patschen."

„Ziehen Sie aus der Tatsache, daß Ihr Großvater den Käfer geschaffen hat, ein persönliches Näheverhältnis zu dem Auto?"

„Irgendwie schon", meint Piëch, aber auf andere Art, als man vielleicht erwarten würde:

„Ferdinand Porsche war, ganz grundsätzlich, ein Mann der Neuerung. Das war das einzige, das ihn interessierte. Wenn er wüßte, daß eine seiner Autokonstruktionen sechzig Jahre lang gebaut wird, wäre er sicher nicht erfreut. Als Ingenieur kann ich mich da gut in ihn hineindenken.

Ich mag den Käfer, natürlich, in jeder seiner Formen, hab' aber auch meine Distanz zum alten Käfer. Auch deshalb, weil ich zutiefst überzeugt bin, daß der VW-Konzern die Kurve nur knapp gekriegt hat, weil die Abkehr von der Käfer-Monokultur spät erfolgt ist. Aber das hat natürlich nichts mit meinem Großvater zu tun, da lebte er längst nicht mehr."

Ferdinand Piëch: „Auch ein gefühlsbetontes Produkt braucht die modernste Technik."

„Auch auf die Gefahr hin, daß wir ein klein wenig vom Thema abkommen: Bewundern Sie Ihren Großvater wegen seiner historischen Leistungen?"

„Als Ingenieur bewundere ich ihn vor allem für eine Gabe: wunderbare Leute um sich zu versammeln. Darin ist er mir ein großes Vorbild. Er hatte nicht den Drang, alles selber machen zu wollen. Was ein anderer Spitzenmann besser konnte, das hat er dem überlassen. Die vier oder fünf Männer seiner Kernmannschaft waren unwahrscheinlich breit angelegte Ingenieure, für die mein Großvater ein ganz besonderes Gefühl hatte und die auch einen weiten Weg mit ihm gegangen sind. Ohne sie hätte er die große technische Leistung nicht vollbracht. Das war auch damals keine Ein-Mann-Schau."

Die Runde besteht aus Ferdinand Piëch, dem Entwicklungschef Martin Winterkorn, dem Aggregate-Chef Karl-Heinz Neumann und einem, der gut zuhören kann. Der fragt dann beispielsweise: Wo lag der entscheidende Punkt in der Entwicklung des New Beetle? Wo ergab sich die Abzweigung von einem weiteren „normalen" VW-Modell zur gefühlsbetonten Zauberkiste? Genügten allein die

Martin Winterkorn: „Der Sympathiewert, der sich aus der Form des New Beetle ergibt, konnte auch mit inneren Werten erfüllt werden."

Nostalgie und das Wiederfinden der Rundheit? Oder war's der Spirit of California?

Die Runde ist sich rasch einig über die Anzahl der Phasen des New Beetle: drei.

Phase 1 steht für die Überlegungen, den Käfer wieder auferstehen zu lassen. Rasch stand fest: Auch als gefühlsbetontes Nostalgie-Produkt würde es die heutigen Sicherheitsstandards, Bremsen von heute und ein modernes Fahrgestell brauchen.

Den alten Käfer sozusagen Zug um Zug aufzumöbeln und auf heutigen Stand zu bringen, stellte sich rasch abseits jeder sinnvollen Kalkulation heraus. Allein die Heizung – undenkbar!

Piëch fuhr damals öfter mit dem Mexiko-Beetle nach Hause, um sich in die Käferwelt frisch einzuleben. Für einen Ingenieur war das nicht sehr aufbauend. Die Kommentare der drei jüngsten Kinder, die einen Käfer in freier Wildbahn nicht mehr erlebt hatten, waren immerhin ein Denkanstoß: „Wann bringst du den Rasenmäher wieder?"

Das hilft uns bei der Frage, ob das Geräusch eines Luftgekühlten ein grundsätzlich anregendes sei. Unbestreitbar lautet die Antwort ja, daß es eine entsprechende Fan-Gemeinde gibt, sozusagen FSL, „Freunde des Sounds der Luftgekühlten".

Das betrifft wahrscheinlich, meint Neumann, eher die Neunelfer-Fraktion. Im Porsche war das Geräusch auf edel gezüchtet, aber beim Käfer hat ja nie jemand den Sound gezüchtet. Da kam's so, wie es eben kam, das Fauchen aus den Rippen und das Blubbern aus dem Auspuff. Nein, die Nachfrage nach dieser Art von Geräuschen sei wohl vernachlässigbar.

Wir sind noch immer in Phase 1. Nachbau plus Nachbesserung kämen doppelt so teuer wie ein neues Plattform-Auto, und dann wäre man noch immer nicht ganz auf der Höhe der Kunst. Winterkorn: „Damals tauchte der Vergleich, technisch gesehen, mit der alten Jugendliebe auf. Du siehst sie nach 30 Jahren wieder und bist enttäuscht."

Also wurde der „Plattform-Versuch" beschlossen.

Phase 2, wenn man zurückblicken will. Kleinste Plattform des Konzerns, also z. B. Polo, darauf würde Styling-Chef Hartmut Warkuß eine Studie bauen lassen. Warum nicht in Kalifornien? Klima und Atmosphäre würden einander gleichermaßen wärmen wie erfrischen, wie das schon seinerzeit war mit den Blumenkindern und dem Beetle.

Auf der Polo-Plattform, so stellte sich heraus, wäre das Auto für Europa durchaus recht gewesen. Aber inzwischen hatte sich ja die Idee verselbständigt, daß dies in hohem Maße auch ein Auto für Amerikaner sein sollte. Und für Amerika war die Sache eine Nummer zu klein.

„Es gab aber noch einen zweiten Grund", sagt Piëch, „warum diese Phase rasch übersprungen wurde. Es hängt mit Herrn Neumann zusammen."

Der nimmt den Ball auf: „Ich hab' mich dafür stark gemacht, dem New Beetle von vornherein alle Erweiterungsmöglichkeiten zu geben, leistungsmäßig, allradmäßig. Wir hatten zu diesem Zeitpunkt schon die Möglichkeit erkannt, daß dies ein Kultauto werden könnte. Und ein Kultauto, das muß alle Stücke spielen, die der Konzern spielen kann. Das würde vorerst auf der kleinsten Plattform nicht möglich sein. Drum plädierte ich für die Golf-Plattform, das kam auch dem amerikanischen Gefühl für die richtige Dimension entgegen."

Martin Winterkorn ergänzt: „Diese sogenannte Golf-Plattform hat dank der fünf heutigen Modelle, plus sieben noch vor uns liegenden, eine solche

Verbreitung, daß man auf einer unerhört günstigen wirtschaftlichen Ausgangslage aufbauen kann. Und darauf lassen sich natürlich Feinheiten einrichten, die ansonsten nie in der Rechnung unterzubringen wären. Von diesen Feinheiten profitiert der New Beetle in jener Weise, daß der Sympathiewert, der sich aus der äußeren Form ergibt, auch in den inneren Werten erfüllt werden kann – in Technik, Ausstattung, all den kuscheligen Kleinigkeiten."

Somit treten wir in Phase 3: Die Entscheidung zur Großzügigkeit, die Freiheit zu jener Emotion, die auch aus der Leistung kommt.

„Emotion und schiere Power", wirft der Zuhörer ein, „was hat das miteinander zu tun?"
Piëch: „Nehmen Sie einen W12-Motor – löst der keine Emotion aus?"

„Hmmm."

Winterkorn: „Oder TDI, an der anderen Ecke. Ein Diesel, der besser geht als ein Benziner, was der für Gefühle freimacht! Sparen und gleichzeitig Spaß haben, da kommt die rechte Freude auf. Insofern ist tatsächlich die richtige – großzügige – Motorisierung ein Weg, um wohltuendes Feeling beim Käufer zu pflanzen."

Der New Beetle ist, grob gesprochen, dreimal so stark wie der frühere Käfer. Am genauesten stimmt der Vergleich zwischen den 50 PS der damaligen Top-Motorisierung und den 150 PS des heutigen 1,8 l 5V Turbo. Entspricht der Faktor 3 tatsächlich dem Augenmaß zwischen den Epochen? Dazwischen lag ja immerhin auch das Phänomen des schlechten Benehmens mit üppig motorisierten Autos.

Piëch meint, daß mittlerweile die Umkehrung des PS-Denkens funktioniere: Der Stärkste ist der Großzügigste. „Und wir setzen unseren Ehrgeiz wirklich nicht darein, die schnellsten Autos anzubieten. Wir wollen kultivierte Autos bauen, leicht zu fahrende Autos, und da mag gefühlsmäßig der Faktor 3 zwischen den Epochen durchaus richtig sein."

Phase 3 der Entwicklungsgeschichte, ausführlich geschildert an anderer Stelle des Buches: die richtige Plattform, die Feinarbeit des Stylings. Die Herren der Ästhetik fühlten sich anfangs nicht so wohl mit dem neuen Maßstab, und es gab etliches Hin und Her, bis das Ergebnis so war, wie es sein sollte: sympathisch, schön anzusehen und frech.

Als Gast darf man auch ganz unschuldige Fragen stellen. Z. B.: „Wann und wieso ist gerade diesem Konzern, der ja nicht unbedingt eine Tradition als Emotions-Bär hat, die Liebe zu den feinen kleinen unterschwelligen Gefühlen eingeschossen?"

Piëch sagt, das hänge mit der gewachsenen Größe zusammen. „Als ich hier anfing, hatten wir 28 Modelle im Konzern. Bald haben wir 51. Die Erweiterung würde keinen Sinn machen, wenn sie nicht auch mit einer Erweiterung aller Sinne und unserer Sensibilität verbunden wäre. Es ist eine normale Entwicklung. Je breiter und sicherer die Basis, desto weiter kann man streuen. Desto freudiger ist man bereit, sich einem Erlebnis auszuliefern. Das gilt sogar für Konzerne."

Der Wandel der Marke Volkswagen von der Monokultur des Käfers über die nächste Monokultur, des Golf, hat nun jene Öffnung erreicht, die immer mehr Drehmoment und Vielfalt gewann und zu einer Auflösung der Modell-Hierarchie führte.

Winterkorn: „Es ist jede der Baureihen absolut gleichberechtigt. Anders gesagt, z. B.: Ein im Passat gewonnener Fortschritt wird nicht für den Passat geschützt und reserviert, sondern fließt ins nächste machbare Modell ein, und sei es zwei Stufen darunter im Marktsegment." „Jetzt neu ist", sagt Piëch, „daß nicht nur der Golf der Gewinner seiner Klasse ist, sondern daß jedes unserer Modelle gleichberechtigt dazu antritt, in seiner Klasse der Gewinner zu sein, sowohl im Volumen als auch in der Sympathie."

Dementsprechend ist auch der New Beetle, ganz abgesehen von seiner stilistischen und knuddeligen Sonderstellung, schon in Nuancen weiter entwickelt als der Golf, er sei z. B. „um einen Tuck" komfortabler im Fahrwerk.

Und ein „Tuck" ist in der Piëchschen Sprache so etwas wie die kleine Einheit des jeweils nächsten Schritts.

Die Concept-Cars

Nostalgie – diesen Begriff kannten bereits die alten Griechen, die ihn – wenn man Meyers Konversationslexikon von 1896 Glauben schenken darf – in etwa mit „Heimweh" oder der „Sehnsucht nach Vergangenem" deuteten. Mehr kann man dem rund hundertjährigen Bollwerk bürgerlichen Wissens zu diesem Begriff nicht entlocken – denn die Nostalgie kam erst in diesem Jahrhundert wirklich in Mode.

Typisch Käfer – und dennoch etwas völlig anderes: Die Skizzen für den Concept 1 erzählen viel über die Begeisterung und das Engagement der Designer.

Wesentlich subtiler versucht uns hingegen der Duden diesen Begriff zu erklären – er definiert mit der ihm eigenen Perfektion den von den griechischen Wörtern *nóstos* (Rückkehr in die Heimat) und *álgos* (Schmerz) abgeleiteten Begriff wie folgt: „Vom Unbehagen an der Gegenwart ausgelöste, von unbestimmter Sehnsucht erfüllte Gestimmtheit, die sich in der Rückwendung zu einer vergangenen, in der Vorstellung verklärten Zeit äußert, deren Mode, Kunst, Musik o. ä. man wiederbelebt." Nostalgie ist also oft im Spiel – beispielsweise wenn wir beim Durchblättern eines alten Photobandes entdecken, daß das Design der frühen Jahre doch nicht so schlecht war. Kurz gesagt: Die Nostalgie hilft mit ihrem verklärten Blick in die Vergangenheit, die Gegenwart – und ihre Stärken und Schwächen – etwas zu relativieren.

Noch gab es keine Entscheidung, wo das Triebwerk plaziert werden sollte und welche Motorentechnik die Studie erhalten sollte – in dieser Frühphase hatte die Phantasie noch freien Lauf.

Vielleicht war dieser Blick auch einer der Gründe dafür, warum man sich natürlich auch in Wolfsburg immer wieder mit dem Käfer beschäftigte – und Überlegungen anstellte, den Sympathieträger wieder nach Deutschland zurückzuführen. Aber jede Fahrt mit einem der Mexiko-Käfer verstärkte lediglich die Erkenntnis, daß man in diese Konstruktion derartig viel Geld investieren müßte, um sie den heutigen Sicherheits- und Komfortvorgaben anzupassen, daß eine Neuauflage ein finanzielles Desaster geworden wäre.

Ferdinand Piëch erkannte dann nach seinem Amtsantritt in Wolfsburg auch relativ rasch, daß es nicht mehr möglich war, den alten Käfer auf Vordermann zu bringen. Aber die Idee, den Käfer neu zu interpretieren, stand im Raum – so wurde Hartmut Warkuß gebeten, sich doch einmal um eine entsprechende Studie zu kümmern.

Der Design-Chef verlagerte die Idee in die USA – und forderte ein kleines Designer-Team im Herbst 1992 auf, einen Show Car zu entwickeln, dessen Blick in die Vergangenheit der bevorstehenden Zukunft zu etwas Emotion verhelfen sollte. Der Ort des Geschehens: das im Januar 1991 gegründete VW-Designstudio im kalifornischen Simi Valley.

Die großen Automobil-Konzerne dieser Erde besitzen ja mittlerweile rund um den Globus Außenstudios,

WOB 1994
WOB 1994

WOB·1995

C1.

Designer haben den Auftrag, Stimmungen und Gefühle einzufangen. Sie sollen dem Zeitgeist zur rechten Zeit auf die Spur kommen – und Farben und Formen lange vor dem Moment erahnen, bevor sie dann in ersten Studien publik werden.

Vorhergehende Doppelseite: Diese Zeichnung ließ das Design-Team in Simi Valley anfertigen, nachdem der Concept 1 auf der Detroit Motor Show wie eine Bombe eingeschlagen hatte – der aufmerksame Betrachter entdeckt hier einen Großteil der Dinge, die das Team beeinflußten.

in denen – zumeist sehr junge – Designer den Auftrag haben, Stimmungen und Gefühle einzufangen. In Japan, Kalifornien oder beispielsweise auch Spanien sollen diese Frauen und Männer dem Zeitgeist auf die Spur kommen – Farben und Formen erahnen, und zwar bevor sie in ersten Studien publik werden. Und sie dann – mit dem direkten Kontakt zum Markt – in Studien gießen, die auf den großen Ausstellungen in Genf, Detroit, Frankfurt oder Tokio Resonanzen erzeugen, Stimmungen ausloten und Image schaffen. Denn das sind die beiden Essentials, die ein geglückter Prototyp zu erbringen hat: Durch die Resonanz in der Presse und einer möglicherweise interessierten Käuferklientel lassen sich der Publikumsgeschmack und mögliche Marktchancen intern abwägen – während die Form und die Farben (und die dahinterstehenden Intentionen) auch eine Botschaft nach außen verkünden: Schaut, was wir für euch geschaffen haben! Wir kennen eure Wünsche, eure Träume, eure Leidenschaften – wir akzeptieren euch als Partner (und natürlich auch als Kunden).

Klar, daß Show Cars stets extrem zu sein haben – die Realität glättet die Träume ohnehin mehr, als es die Genialität des ersten Strichs verdient hätte. Doch vor diesem ersten Strich kommt immer noch eine Phase der inneren Immigration: Was soll der Neue bezwecken? Wo wird er erstmals stehen? Was soll seine Botschaft sein? Soll er eher futuristisch sein – oder bereits andeuten, daß eine Seelenverwandtschaft mit einer zu erwartenden Baureihe besteht? Und soll er diese Ähnlichkeit bereits andeuten? Und wie stark?

Als sich die junge Crew in den Maiwochen des Jahres 1992 in Simi Valley in ersten Gesprächen dem Thema „Concept 1" näherte, waren einige der angesprochenen Punkte bereits geklärt: Die Studie sollte ein Elektrofahrzeug verschönern, mit dessen Hilfe sich die Wolfsburger dem Thema „Zero Emission Automobil" nähern wollten – jenem (nur vermeintlich) abgasfreien Gefährt, das die kalifornische Regierung für die Jahre nach der Jahrtausendwende

Auf den ersten Blick scheint die Zeichnung des Concept 1 mit der Realität des New Beetle perfekt zu korrespondieren – doch es war ein langer Weg von der Skizze zum fertigen Fahrzeug.

Im Mai 1993 wurden die beiden 1:4-Modelle fertig, die allen Beteiligten ein Gefühl für die dreidimensionale Form der Concept-1-Idee gaben. Diese Modelle wirken bereits erstaunlich realitätsnah – ein schöner Beweis dafür, daß die Emotionalität, mit der man das Thema angegangen war, dem Projekt gutgetan hatte. Zu beachten ist hier das Glasdach, das in den ersten Überlegungen angedacht wurde.

zum Pflichtprogramm all der Firmen gemacht hat, die an der Westküste ihre Verkaufsläden weiter offenhalten wollen. Bei diesen ersten Gesprächen

Das junge Design-Team hatte vor dem ehrwürdigen Käfer keinen überzogenen Respekt – so konnten sie sich dem Thema der Neuinterpretation des Klassikers unbefangen nähern und eine völlig eigene Handschrift finden.

kristallisierte sich auch eine erste mögliche Basis heraus – ein VW Vento mit einem Elektromotor als Antrieb, dessen nüchterne Optik und eher zweckorientierte Ästhetik aber zwangsläufig nach einer eigenen Form rief.

So war es nahezu unausweichlich, daß die jungen Wilden von der Westküste – unter ihnen J. C. Mays, Freeman Thomas und Peter Schreyer – die Idee, VW zu seinen ursprünglichen Werten zurückzuführen und ein Auto zu schaffen, das genauso wie der gute alte Käfer geliebt werden würde, freudig aufgriffen. Ein Denkansatz, der sich blendend mit einem zweiten Wunsch vertrug: Nachdem sich der Verkauf der VW-Modelle in den USA 1993 auf einem historischen Tiefpunkt befand, wollte der Wolfsburger Vorstand auf der Detroit Motor Show im Januar 1994 einen Eyecatcher präsentieren – eine Studie, die von den dort präsentierten Serienfahrzeugen ablenken sollte, denen in ihrer technischen Perfektion etwas von der Lust an der individuellen Mobilität abhanden gekommen war.

Und diese Studie sollte etwas US-spezifisches an sich haben – eine Aussage, die jeder Amerikaner auf Anhieb verstehen mußte. Zudem konnte man sich in den Wolfsburger Vorstandsetagen durchaus auch etwas Selbstironie vorstellen – eine Wesenseigenschaft, die den Deutschen in den Vereinigten Staaten eher selten zugeordnet wird. Letztlich sollte diese Studie aber nur spektakulär sein – „wir nahmen uns einfach vor, ein Objekt zu schaffen, das uns auf die Titelseiten aller großen Fachzeitschriften dieser Erde bringen sollte", so Hartmut Warkuß, der Design-Chef des Hauses VW. Und damit diese Studie auch wirklich umgesetzt werden konnte, wurde allen Beteiligten auch die oberste Geheimhaltungsstufe verpaßt – die Präsentation sollte als Knüller inszeniert werden.

Und da niemals an eine Serienfertigung gedacht war, wurde dem Team auch durchaus zugestanden, die Vergangenheit zu zitieren. „Ohne aller-

dings die Historie nur aufzuwärmen", erinnert sich Hartmut Warkuß, „Erinnerungen an die Vergangenheit können durchaus reizvoll sein – allerdings nur, wenn sie in eine zeitgemäße Formensprache gegossen werden."

Schon bei den ersten Gesprächen kristallisierte sich rasch heraus, daß das Thema, das in den Köpfen des Design-Teams bereits erste Formen angenommen hatte, nur eine Neuinterpretation des alten Beetle sein konnte – jenes legendären Krabbeltiers, das sich in Abermillionen von Exemplaren rund um die Welt in die Herzen seiner Besitzer gefahren hatte und zu dem die Amerikaner ein ganz besonderes Verhältnis entwickelt hatten. Es war wahrscheinlich das große Glück des Concept 1, daß die fünf, sechs Projektbeteiligten sehr jung waren – denn sie hatten vor der Wolfsburger Ikone keinen überzogenen Respekt. Nur so konnten die Beteiligten dem ehrwürdigen Vorfahren mit dem Selbstbewußtsein derjenigen begegnen, die den Käfer nur als Relikt der Vergangenheit kannten.

Emotion war alles – das Design-Team: „Der Concept 1 hatte die Vergangenheit mit der Zukunft zu verbinden. Es sollte ein Fahrzeug werden, zu dem die Betrachter eine Beziehung aufbauen konnten, die mit dem Vertrauen in die VW-Technik untermauert wurde."

„Wir hatten keine Berührungsängste", erinnert sich das Team heute, „der Käfer war ein derart selbstverständlicher Teil unserer Jugend und der Familiengeschichte, daß uns seine Stärken und Schwächen in Fleisch und Blut übergegangen waren." Und als die ersten Ideen und Statements gesammelt waren, hatten sich ein paar Dinge klar herauskristallisiert: Erstens hatte der Concept 1 die Vergangenheit mit der Zukunft zu verbinden – es sollte also ein Fahrzeug werden, zu dem die Betrachter sofort eine Beziehung aufbauen konnten, die mit dem Vertrauen in die Technik untermauert wurde. Dieser emotionale Anblick sollte aber zugleich klarmachen, daß die Reminiszenz an die Vergangenheit mit moderner Technik erfüllt ist – locker gesagt: alte Formen in einer zeitgemäßen Anmutung.

Und es kamen noch ein paar weitere Überlegungen hinzu: So war der Käfer – als er 1949 seinen Siegeszug in den USA begann – mit seinem luftgekühlten Boxermotor hinter der Hinterachse ein ziemlich innovatives Gefährt, das sich von den damaligen US-Schlitten radikal unterschied. Also hatte man auch noch die Aufgabe, VW-Traditionen mit moderner Technik zu verschmelzen – die Aufgabe des Teams in Simi Valley bestand daher weniger in der Konstruktion eines neuen Fahrzeugs, sondern mehr in der Bewahrung einer Idee, die in unsere Jetzt-Zeit transponiert werden mußte.

Vor den ersten Zeichnungen gab es in Kalifornien aber noch weitere Überlegungen: Wie hätte sich Ferdinand Porsche mit seinem heutigen Wissen dem Thema genähert? Was ist bei einem Fahrzeug unbedingt erforderlich – was überflüssig? Auf welche Linien kann man eine klassische Form reduzieren, ohne daß ihre Seele verlorengeht? Schließlich wurden einzelne geometrische Elemente gesucht und gefunden, die dann wieder zu einem modernen und harmonischen Verhältnis zusammengefügt wurden – was der klassischen Form, Styling zu betreiben, zwar entgegengesetzt ist, aber zu einem Objekt führte, das die Betrachter auf Anhieb begeisterte – so auch Hartmut Warkuß, als er im Mai 1993 die ersten 1:4-Modelle zu sehen bekam und daraufhin Auftrag erteilte, bis zum Juli 1993 das erste 1:1-Plastilin-Modell zu erstellen.

Eine Aufgabe, die auch deswegen relativ zügig bewältigt werden konnte, weil die technische Basis des Concept 1 zu diesem Zeitpunkt noch gar nicht weiter definiert war. Zu diesem Zeitpunkt gab es noch keine endgültige Entscheidung, ob der Motor in die Front- oder Heckpartie der Studie wandern sollte – und es war auch keine Entscheidung für einen Benzinmotor oder ein Elektroantriebskonzept gefallen. Noch war alles möglich – und eben diese Tatsache, daß es noch keine fixe Basis gab, erleichterte dem Design-Team in Simi Valley die Aufgabe ungemein. So konnte eine Form geschaffen werden, die sich letztlich aus zwei kleinen und einem großen Halbkreis zusammensetzte – und damit eine unverwechselbare Seitenlinie schuf, die eine alte Form modern und mutig neu interpretierte.

Eine Form, die Ferdinand Piëch und Hartmut Warkuß, als sie dann im August 1993 wieder einmal im kalifornischen Simi Valley auftauchten, auf Anhieb begeisterte – Hartmut Warkuß: „Es war die wahrscheinlich einmalige Chance, eine Form, die mehr als ein halbes Jahrhundert überdauert hatte, neu zu interpretieren. Und das Ergebnis war kein Retro-Design, sondern ein gelungenes Werk, das mit klaren, geometrischen Formen Emotionen vermittelte – und zu den Essentials des alten Käfers zurückfand."

Freeman Thomas zu diesem Thema: „Wir mußten eigentlich nur die Werte, die einen VW zu einem Volkswagen machten, herausarbeiten: Der Käfer war einfach, ehrlich, zuverlässig, und er war auch ziemlich originell."

Und noch immer stand nicht fest, ob der Motor vorne oder hinten seinen Platz finden sollte. Gab es zuerst noch Überlegungen, die zwischen der Polo- und der Golf-Basis hin- und herpendelten, so fiel dann doch noch die Entscheidung, daß diese Studie mit dem Radstand des neuen Golf nach Detroit zu rollen hatte. Letztlich sollte der Concept 1 dann Anfang Januar 1994 die Besucher als 3824 Millimeter langes, 1636 Millimeter breites und 1500 Millimeter hohes Modell im Ausstellungszentrum am Detroit River überraschen – und um die Proportionen perfekt zu unterstreichen, wurde der Käfer-Epigone auf mächtige Pneus der Größe 155/75 R 18 gestellt.

In dieser Form trat die Studie im Spätherbst 1993 auch ihre einzige Reise über den großen Teich nach Deutschland an, wo sie bei einer Präsentation vor dem gesamten VW-Vorstand nicht nur blendend ankam, sondern auch – von einem knappen „in Ordnung" von Ferdinand Piëch begleitet – den Segen für die weitere Entwicklung mit auf den Rückflug ins sonnige Kalifornien bekam.

Natürlich hatte das Team – das insgeheim darauf hoffte, daß der Concept 1 nicht als Eintagsfliege im harten Show-Car-Business untergehen würde – bereits für eine beachtliche Seriennähe gesorgt. So war der Wagen schon für zwei Airbags, Seitenaufprallschutz und ABS ausgelegt – und daß zudem an ein Automatikgetriebe, eine Lederausstattung, eine Klimaanlage sowie ein Hifi-Soundsystem mit CD-Player gedacht worden war, bewies nur, daß die in Kalifornien beheimateten Designer ihre Klientel und deren Hang zum Luxus genau kannten. Ein Luxus, der dem stets um jedes Gramm Gewicht kämpfenden Ferdinand Porsche wahrscheinlich überflüssig erschienen wäre.

Für den Vortrieb hatten sich die VW-Techniker in dieser ersten Stufe drei Optionen offen gehalten: erstens einen 66 kW (90 PS) starken 1,9-Liter-Turbodieselmotor mit Direkteinspritzung (TDI), wie er im Hause zu jenem Zeitpunkt bereits im Einsatz war. Zweitens war an einen Hybridantrieb in der sogenannten Einwellen-Bauweise mit einem Dreizylinder-TDI-Motor mit 1,4 Liter Hubraum und 50 kW (68 PS) Leistung gedacht worden – und drittens konnte man sich einen reinen Elektroantrieb vorstellen, wobei VW in Detroit erstmals einen neuen,

Ein Blick auf den Concept 1 genügt, um zu erkennen, wie nah sich das fertige Auto an den Skizzen und Modellen orientierte – und es wirkt in der Realität noch immer so charmant und liebenswürdig wie auf den ersten Zeichnungen.

kräftigeren Elektromotor mit 37 kW (50 PS) Leistung und einem Zweigang-Automatikgetriebe zeigte. Die Höchstgeschwindigkeiten dieser drei Optionen, die sich – je nach Motor – zwischen 180 km/h, 165 km/h und stolzen 125 km/h für die Elektroversion bewegten, reichten auf jeden Fall für die in Kalifornien geltende 55-mph-Grenze aus.

Vielleicht sollte man an dieser Stelle noch ein paar Erklärungen zu dem Hybridantrieb geben, über den VW bei dieser ersten Entwicklungsstufe in Detroit und in Genf noch nachdachte – hier wurde der bereits erwähnte äußerst sparsame Dreizylinder-TDI-Motor mit elektronischer Einspritzung und Katalysator mit 1,4 Liter Hubraum und 50 kW (68 PS) Leistung mit einem Asynchronmotor mit 6 kW (8 PS) gekoppelt. War das TDI-Triebwerk für die Überlandfahrten zuständig, so sollte der Elektromotor, der von einer Nickel-Cadmium-Batterie gespeist wurde, bei Stadtfahrten zum Einsatz kommen. Der Asynchronmotor, der die beim Ottomotor übliche Schwungscheibe ersetzt, wurde über zwei automatische Kupplungen mit dem Verbrennungsmotor auf der einen und einem Fünfgang-Schaltgetriebe auf der anderen Seite verbunden – so konnte durch diesen Einwellen-Hybridantrieb eine äußerst kompakte Motor-/Getriebeeinheit geschaffen werden. Bei dieser Technik, die auch in anderen VW-Prototypen wie beispielsweise dem „Chico" zum Einsatz kam, wurde, je nach Leistungsbedarf, automatisch zwischen Otto- und

In den Schweizer Farben Rot und Weiß eroberte sich das Concept-1-Cabriolet auf dem Genfer Automobilsalon die Herzen aller Besucher.

Über eine Realisierung dieses gelungenen Wagens wird derzeit nachgedacht.

Elektromotor hin- und hergeschaltet. Wie gut diese Technik funktionierte, zeigte sich beim fahrfähigen Chico, bei dem der Ottomotor vornehmlich beim Beschleunigen und bei Geschwindigkeiten über 60 km/h zum Einsatz kam, während der Elektromotor seine 6 kW in Fahrphasen mit überwiegend geringeren Leistungsanforderungen einsetzte. Zudem diente er als Anlasser und Schwungscheibe für den Verbrennungsmotor sowie als Generator bei jedem Bremsvorgang. Klar war aber auch, daß diese fortschrittliche Hybrid-Technologie lediglich in einer Studie gezeigt werden konnte, da ihr hoher Preis einer weiteren Verbreitung wohl noch einige Zeit im Wege stehen wird.

Mit diesen Ingredienzen war das Aufsehen, welches der Concept 1 in Detroit erregte, wahrscheinlich unvermeidlich – und so wunderten sich in Detroit wahrscheinlich auch nur die VW-Verantwortlichen über diese riesige Woge der Begeisterung, die über den Eyecatcher hereinbrach. Es war wohl unvermeidlich, daß schon nach den ersten Stunden, in denen das Bild des Wagens um die Welt gegangen war, in Wolfsburg eine Flut von Anfragen nach dem Produktionsbeginn des Modells einging – und diese Flut wuchs noch weiter, als Volkswagen nur wenige Wochen später auf dem Genfer Automobilsalon eine Cabriolet-Variante in den Farben Rot und Weiß (eine Hommage an das Gastland) nachschob.

Eine Variante, an die die Mannen aus Simi Valley natürlich schon gedacht hatten – schließlich hat jeder, der im sonnigen Kalifornien lebt und vom Design von Automobilen lebt, immer Cabriolets im Sinn. Und so war man bereits – nachdem Ferdinand Piëch den Wunsch geäußert hatte – darauf vorbereitet, dem Concept 1 das Dach rasch abzuschneiden, damit das Cabrio am Ufer des Lac Léman in den ersten Frühlingstagen des Jahres 1994 erneut für Furore sorgen konnte.

Die Fachzeitschrift „auto, motor und sport" schrieb in ihrem Salonbericht: „Der postmoderne kalifornische Käfer wurde für seine Europa-Premiere in Genf auf Popularität getrimmt wie ein Politiker im Wahlkampf. Die in Detroit ursprünglich knallgelb präsentierte Studie Concept 1 strahlt nun als Cabrio in aller Öffentlichkeit in roter Lackierung und weißem Interieur – den Farben der Schweiz. Das Cabrio-Verdeck soll aber keine Assoziationen zu schweizerischen Trachtenhüten wecken, sondern Erinnerungen an die gute alte Käfer-Cabrio-Zeit. Speziell von hinten und mit offenem Verdeck würde jedes Vormundschaftsgericht den Käfer als leiblichen Vater des Concept 1 anerkennen. Das populistische Spiel mit der eigenen Vergangenheit könnte VW jedoch erheblich unter Druck setzen – denn auch in Genf mündeten die Reaktionen des Publikums in der Forderung, die runde Sache Concept 1 durch eine Serienproduktion weiter abzurunden."

In Kalifornien hatte man für die Verwandlung der Limousine in ein Cabriolet eine gute Basis, denn durch die waagerecht liegenden Fenster konnte der Unterbau identisch beibehalten werden – eigentlich mußte lediglich die stark gewölbte A-Säule weiter verstärkt werden, damit sie zusammen mit dem Windschutzscheibenrahmen einen massiven Überrollbügel bilden konnte. Ansonsten unterschieden sich die beiden Versionen des Concept 1 weder in den Maßen noch in den angedachten Motorisierungen.

Wie nicht anders zu erwarten, wurde nun der Wunsch, diese Studie auch kaufen zu können, vor allem von den nordamerikanischen Händlern immer massiver an VW herangetragen – und dieser massive Auftritt von Interessenten und Händlern trug bereits alle Züge einer Beetlemania, so daß die Wolfsburger Zentrale dann im Sommer 1994 endlich die langerwartete Erklärung herausgab, daß man damit beginnen würde, den Concept 1 für das Ende dieses Jahrhunderts serienreif zu machen. Eine Erklärung, die nach einer in Genf geäußerten Bemerkung von Ferdinand Piëch durchaus erwartet werden konnte – der Vorstandsvorsitzende hatte anläßlich der Präsentation des Concept-1-Cabriolets versprochen, daß diese Studie keine Vision bleiben müsse.

Eine Aufgabe, die sich deswegen nicht so leicht gestaltete, weil der Concept 1 ohne technische Vorgaben gezeichnet werden konnte – hier sorgte kein vorgegebenes Chassis für Kompromisse, und hier mußten auch keine Motoren-Abmessungen berücksichtigt werden. Der Concept 1 hatte sich als Design-Objekt in die Welt geschlichen – und nun hatten die Techniker und Designer die nicht ungefährliche Aufgabe, diese schöne Hülle mit technischem Leben zu füllen. Leben, das allen Zulassungsbedingungen und Crash-Versuchen zu gehorchen hatte – und zudem noch so produziert werden sollte, daß es zu einem vernünftigen Preis ins Angebot kommen konnte.

Damit war die erste Phase des New Beetle – wie er später heißen sollte – abgeschlossen. In diesem ersten Abschnitt hatte sich der Concept 1 von einer Studie, die mit etwas Selbstironie die Reputation von Volkswagen aufpolieren sollte, zu einem Selbstläufer entwickelt, der die Wolfsburger nur so mit Sympathie überschüttete.

Daß der Concept 1 über die offensichtliche Lebensfreude hinaus jedoch noch mehr abstrahlte, schrieb der amerikanische Design-Kritiker Robert Cumberford in seinem Jahresrückblick in dem Band 42 von Auto-Jahr: „Der bedeutendste Show Car des Jahres 1994 war der Volkswagen Concept One. Nicht so sehr wegen irgendeines großartigen Durchbruchs im Design, auch nicht wegen eines brillanten mechanischen Konzepts oder wegen Neuerungen in der Struktur, sondern aus einem ganz anderen Grunde. Jeder, der das Fahrzeug sah, wußte – und zwar sofort und ohne jeden Zweifel –, was das für ein Wagen war und woher er stammte. Der Concept One ist unverkennbar ein VW, weit mehr als jedes andere Modell aus Wolfsburg im Verlaufe des letzten Vierteljahrhunderts. Diese sofortige und spontane Identifikation ist in einer Zeit der Markenprofilierung ein Attribut von kardinaler Bedeutung. Kein einziges Detail ist identisch mit jenem Design von Erwin Kommenda aus der Mitte der 30er Jahre, das zum meistproduzierten Modell der Autogeschichte wurde, und dennoch ist der Concept One eindeutig das Produkt desselben Unternehmens, welches das Originalmodell gebaut hatte. Ob sich der Show Car für die Serienfertigung eignet oder je produziert wird, ist eine andere Frage. Durch seine klare Marken-Identität aber ist er ein Haupttreffer."

Und als er dann zwei Monate später in Genf erstmals die Cabriolet-Variante zu sehen bekam, ergänzte Cumberford: „Das Concept One-Cabriolet war der zweitbeste Show Car des Jahres 1994. Sieger ist und bleibt jedoch die ursprüngliche geschlossene Version des Concept One. Alleine durch die Form wird die gesamte Firmengeschichte mit der Käfer-Millionenauflage in die Erinnerung zurückgerufen."

Es war zweifellos eine gefährliche Gratwanderung, eine Ikone der Automobilgeschichte in die Jetzt-Zeit zu verpflanzen – doch der Concept 1 bewies allen Beteiligten und einer begeisterten Öffentlichkeit, daß man klassische Formen auch modern interpretieren kann, ohne daß die Liebhaber der älteren Formen verstimmt und die jüngeren Betrachter von zuviel Rührseligkeit abgestoßen werden.

Nun begann allerdings der schwierigere Teil – aus dem Concept 1 einen Serienwagen zu machen. Eine Aufgabe, für die Ferdinand Piëch seinen Mitarbeitern 18 Monate Zeit gab – denn er wollte den New Beetle im Oktober 1995 auf der Tokyo Motor Show sehen.

Es gibt nur weniges, woran die verspielten Designer nicht denken – dies ist die Interpretation eines Spielzeug-Beetle von Freeman Thomas.

Auf dem Weg zur Realität – der New Beetle

Nachdem sich der Concept 1 in seiner offenen und geschlossenen Variante so unerwartet rasch und heftig in die Herzen vieler Autoenthusiasten rund um den Globus gefahren hatte, blieb den Wolfsburgern gar nichts anderes mehr übrig, als dieser ersten Designstudie die Realität folgen zu lassen. Und der von Ferdinand Piëch vorgegebene Zeitplan ließ auch keine ausschweifenden Diskussionen über allzu große Veränderungen mehr zu – denn eines war klar: Der überraschende Erfolg forderte nun in der Form einer relativ raschen Umsetzung in die produzierbare Wirklichkeit seinen Tribut.

Zuerst gab es aber hitzige Diskussionen darüber, auf welcher Plattform der neue Beetle denn nun entstehen sollte – doch dann setzten sich bald die Verfechter der „großen" Lösung durch, bei der die neue Plattform des Golf IV als Basis des neuen Fahrzeugs dienen sollte, denn die alternativ zur Verfügung stehende Plattform des Polo hätte den Wagen innerlich und äußerlich zu klein werden lassen. So richtete man sich relativ rasch darauf ein, die Golf-Technik als Basis zu betrachten.
Da die vierte Golf-Generation zu diesem Zeitpunkt technisch bereits weit fortgeschritten war, konnte nun auch das Package nachgereicht werden – jene bis auf den Millimeter und das letzte Gramm präzise Vorgabe technischer Gegebenheiten, an denen kein Designer vorbeikommt, wenn es darum geht, ein Fahrzeug für die Serienfertigung vorzubereiten. In diesem dicken Heft finden sich alle Maße des technischen Unterbaus, über den nun die Form des Beetle neu geworfen werden mußte – ohne daß die optische Anmutung, die ja letztlich für die Begeisterungsstürme auf den Ausstellungen und in den Leserbriefspalten der Zeitschriften gesorgt hatte, verlorengehen durfte.

Unabhängig von der Entscheidung für die Polo- oder Golf-Plattform war allen Beteiligten aber von Anfang an klar, daß sich die Philosophie der 30er und der 90er Jahre in einem grundlegenden Punkt voneinander unterscheiden würde: Der

Nach der Euphorie, die die Concept-1-Studie ausgelöst hatte, war der Schritt zu einer realitätsnahen Variante nicht mehr zu umgehen – und so begann man in Wolfsburg, auf der Basis des Golf IV die Abmessungen und Proportionen zu definieren.

Obwohl das 1:4-Modell im Vordergrund längst seine Aufgabe erfüllt hatte, diente es noch immer als Ideengeber für die Entwicklung des New Beetle. Daß man im VW-Design lange an den Proportionen des neuen Fahrzeugs feilte, beweist die 1:1-Zeichnung an der Wand – an der die Überhänge anders als später in der Realität gerieten.

neue Beetle besaß einen vorne liegenden Motor und Frontantrieb – und die zum Einsatz kommenden Triebwerke mußten wassergekühlt sein. Eine Erkenntnis, die aber niemanden störte, da der Concept 1 in seiner Serienform ja nicht als Käfer-Epigone, sondern als eigenständiges Geschöpf mit einem Hauch von Nostalgie gedacht war.

Die Tatsache, daß die doch ungewöhnliche Form der Studie relativ unverändert in Serie gehen würde, war auch ein Beweis für die Vorteile der von Ferdinand Piëch geförderten Plattform-Strategie – hier konnten alle Beteiligten demonstrieren, daß es sehr wohl möglich ist, auf einer vorgegebenen Basis (wenn auch mit viel Detailarbeit) eher ungewöhnliche Nischenprodukte zu schaffen. Obwohl es letztlich natürlich ein großer Kampf war, die Optik soweit wie nur irgend möglich gegen die nüchtern, eher rational und in Produktionskosten denkenden Techniker zu verteidigen, war die Plattformstrategie für die Designer doch nicht so problematisch, wie es außerhalb des Hauses oft

Stunden um Stunden arbeiteten die Modelleure daran, die Linie des New Beetle immer weiter zu perfektionieren – bis sich dann die endgültige Form herauskristallisierte, die dem Fahrzeug eine so unverwechselbare Erscheinung gab.

Auch wenn das Modell auf dem großen Photo noch keinen Feinschliff erhalten hat, so ist doch klar die Familienzugehörigkeit zu erkennen – die drei symmetrisch ineinandergreifenden Halbkreise signalisieren nur eines: Dieses Fahrzeug stammt aus der Käfer-Familie.

gesehen wird. Hartmut Warkuß: „Die gerne zitierte Plattformstrategie hat auf das Design lange nicht die einschränkende Wirkung, wie oft vermutet wird – und der New Beetle ist das beste Beispiel für das Potential dieser Strategie. Ohne eine Plattform- und Gleichteilestrategie wäre dieser Wagen gar nicht möglich gewesen, denn die Definition der Plattform läßt uns genügend Handlungsfreiheit. Die Vorteile sind die kürzeren Entwicklungszeiten und die geringeren Kosten. Das gibt uns Designern schon mehr Spielraum – da läßt sich dann auch schon einmal eine anspruchsvollere Designlösung finanzieren."

Wer die in Detroit gezeigte Concept-1-Limousine mit dem in Tokio präsentierten New Beetle im Detail miteinander vergleicht, wird feststellen, daß es doch zwei verschiedene Fahrzeuge sind. Aber schließlich ist der New Beetle ein vollkommen neu entwickeltes Serienfahrzeug, während der Concept 1 vier Jahre zuvor als Design-Studie entwickelt wurde. „Daß man diese Unterschiede aber nicht zur Kenntnis nimmt und sie als nahezu identische Fahrzeuge in der Erinnerung behält, war die eigentliche Kunst"; Hartmut Warkuß sieht die beiden Varianten sogar noch etwas dezidierter: „Der Concept 1 konnte – weil seine Designer auf keine technischen Vorgaben achten mußten – kompromißloser gestaltet werden. Aber dennoch gelang es, die drei symmetrisch ineinandergreifenden Halbkreise, die dem Wagen in seiner Seitenansicht eine so eigenständige Anmutung geben, in der

Nachdem ein präzises 1:1-Modell fertiggestellt ist, dient dieses dann als Vorlage für die Werkzeuge, mit deren Hilfe später der Wagen gebaut wird – um so mehr wird hier an jedem Bruchteil eines Millimeters gefeilt.

Serie aufrechtzuerhalten. So hat die Vergrößerung des Chassis dem New Beetle gutgetan, denn er gibt sich nun deutlich erwachsener – sowohl von der Größe wie auch von dem Zugang und dem Platzangebot des Innenraums. Er ist nun kein Kleinwagen mehr, sondern ein solides, etabliertes Objekt."

So konnten auch die Beetle-Fans im Oktober 1995 bei der ersten Kontaktaufnahme mit dem neuen Beetle in Tokio feststellen, daß die in tiefschwarzen Klavierlack getauchte Studie gegenüber dem knallgelben Vorgänger um 24 Zentimeter länger und um sieben Zentimeter breiter geraten war. Und sie durften noch eine zweite Erkenntnis mit nach Hause nehmen: Dank des vorne liegenden Triebwerks besaß dieses Fahrzeug nun einen großen Kofferraum im Heck, der nicht nur mit einer großen Heckklappe gut zugänglich war, sondern sich auch – mit Hilfe der umklappbaren Rücksitzlehnen – auf eine beachtliche Größe erweitern ließ.

Nachdem die Entscheidung für die Golf-Plattform einmal gefallen war, galt es nun, die unverwechselbare Form des Concept 1 auf ihre Realisierungsmöglichkeiten hin zu überprüfen – und diese Überlegungen im Hinterkopf auch gleich mit eventuell möglichen Produktionsziffern zu verknüpfen. Ziffern, die sich in den allerersten Überlegungen bei jährlich etwa 100 000 Fahrzeugen über einen Zeitraum von vier Jahren bewegen konnten. Eine Zahl, die allerdings bei den Begeisterungsstürmen, die über den Concept 1 hereingebrochen waren, permanent nach oben korrigiert werden mußte – letztlich sollte man dann eine Jahreskapazität von 160 000 Fahrzeugen anpeilen, die sich – bei den in den Firmen üblichen Produktionszyklen – bei insgesamt etwa 750 000 gebauten Fahrzeugen einpendeln könnte.

Nachdem die Entscheidung für die Golf-Plattform und einen unveränderten Radstand gefallen

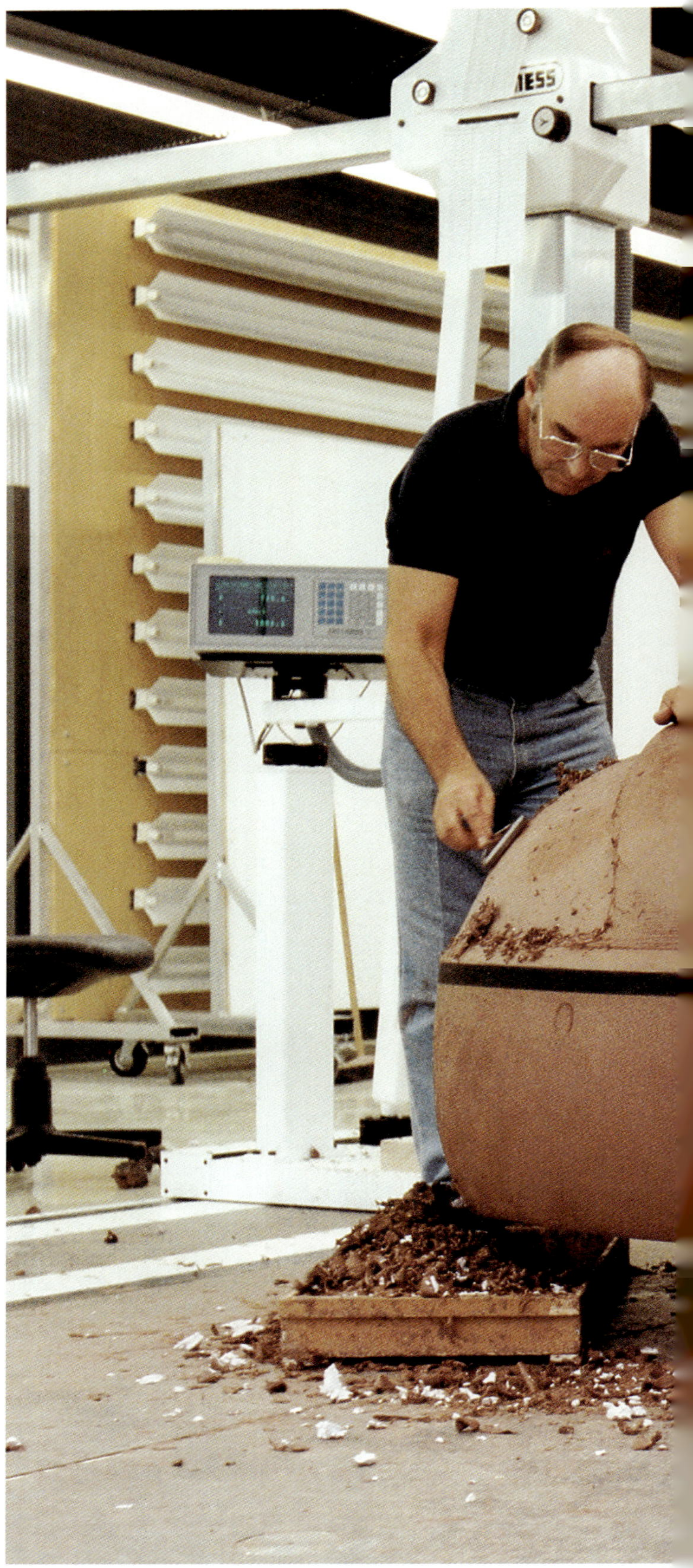

Erst wenn man die Concept-1-Studie in einem direkten Vergleich zum New Beetle sieht, sind die Unterschiede in Größe und Proportion zu erkennen.

Es wäre nun natürlich ein leichtes gewesen, sich eng an diese Grundform anzulehnen – doch das Geheimnis der neuen, zeitlosen Form besteht darin, daß es den Designern hier gelang, sie neu und zukunftsweisend zu interpretieren. So gelang eine moderne Formensprache, die in ihrer Klarheit und Konsequenz zwar an die Vergangenheit erinnert, aber nie das Gefühl aufkommen läßt, daß der „Alte" doch schöner oder besser gewesen sei.

Um diese moderne Formensprache zu treffen, bemühte sich das Design-Team um vier Schwerpunkte: Erstens wurden die runden Formen soweit wie möglich den geometrischen Basiselementen Kreis und Kugel angenähert. Zweitens hatten die glatten Flächen glatt zu bleiben – Sicken und Stufen waren nicht erwünscht, nur so konnte

war, stellte sich dann rasch heraus, daß der Vorderbau – der aus Kostengründen ebenfalls identisch übernommen wurde – lediglich am oberen Längsträger verändert werden mußte, um die Beetle-typische Frontpartie zu gewährleisten. Der Unterbau und die Frontachse konnten hingegen direkt übernommen werden, während die Stirnwand – jenes Blech, das zwischen Motorraum und Innenraum liegt – sich einer Modifikation unterziehen mußte.

„Es war stets das Bestreben des Designs, vordergründig die schon klassische Käfer-Grundform dominieren zu lassen – und diese Grundform setzt sich zuerst einmal aus dem bogenförmigen, nach hinten abfallenden Dach und dem runden, nach vorne abfallenden Deckel, unter dem sich nun der Motor zu verbergen hatte, zusammen." Für das Design-Team beinhaltet diese Grundform zudem noch „die vier nahezu halbkreisförmigen, vom Rad deutlich exzentrisch nach außen versetzten Kotflügel – die zudem noch vorne und hinten symmetrisch erscheinen –, die in den Kotflügel integrierten, zu Ellipsen gewordenen Rundscheinwerfer sowie die angedeuteten Trittbretter."

die Großzügigkeit der Form ihren subtilen Reiz behalten. Daraus folgernd, hatte auch das Fugenbild logisch und geometrisch klar zu bleiben – und viertens hatten die glatten Flächen und die wenigen geraden Linien in ihrer Strenge einen spannungsreichen Kontrast zu den runden Formelementen zu bilden.

Diese Lust an der Rundlichkeit zeigt sich denn auch am deutlichsten in der Silhouette, wo die Windschutzscheibe – im Unterschied zum klassischen Käfer – weit vorne liegt und somit einen flüssigen Übergang vom Dach zum Vorderwagen bildet, der den Insassen ein überaus großzügiges Raumgefühl vermittelt. Klar war, daß sich das bogenförmig über die Kotflügel spannende Dach als Basis für die abstrahierte und extrem reduzierte Darstellung des Beetle-Logos anbot – aber genau um diese runde Form gab es dann die größten Diskussionen zwischen den Designern und Technikern. Doch die Designer waren nicht bereit, auch wenn die hintere Kopffreiheit etwas unter der Form zu leiden hatte, auf dieses bogenförmige Dach zu verzichten. Denn hier hatte die Form über den reinen Nutzwert zu siegen – und hier konnten sich die Designer auch durchsetzen.

Bis aber die Form in ihrer heutigen Ausprägung stand, galt es viele kleine Änderungsschritte zu bewältigen – „es war ein stetiges Hoch und Tief", erinnern sich die Beteiligten heute an die Zeit bis zum November 1994, als das erste Exterior- und das erste Interior-Modell dem Vorstand präsentiert werden konnten. Nach diesem Auftritt fiel dann

Das New-Beetle-Design besitzt vier Schwerpunkte: Runde Formen haben sich soweit wie möglich den Basiselementen Kreis und Kugel anzunähern – glatte Flächen haben glatt zu bleiben – Sicken und Stufen waren nicht erwünscht – glatte Flächen und gerade Linien haben einen Kontrast zu den runden Formelementen zu bieten.

Eine bemerkenswerte Mischung aus Geraden und aus Kurven – der New Beetle bietet immer wieder überraschende Ansichten.

auch die endgültige Entscheidung, die zweite – bereits seriennahe – Studie ein Jahr später auf dem VW-Stand anläßlich der Tokyo Motor Show zu präsentieren. In diesen Tagen begannen dann auch die Marketing-Spezialisten, sich erste Gedanken über eine mögliche Positionierung des New Beetle zu machen – wobei sich relativ rasch herausstellte, daß dieses Fahrzeug deutlich über dem Golf angesiedelt werden würde.
Große Probleme bereiteten bei der endgültigen Formgestaltung – neben der bereits erwähnten Dachform – vor allem die Koordinierung ästhetischer und zulassungsbedingter Elemente. Nur ein paar Beispiele für die zeitintensive Detailarbeit, die heutzutage bei der Formfindung berücksichtigt werden muß: So werden die Überhänge der Stoßstangen und die Positionierung der Front- und Heckleuchten sowie die Lampentiefen mittlerweile weltweit von den diversen Crash-Anforderungen diktiert, und auch die Form eines Außenspiegels kann nicht mehr einfach so gestaltet werden, wie sich dies ein Designer vorstellt. Und noch heute trauern Teile der Design-Mannschaft den kurzen Karosserieüberhängen des Concept 1 nach – aber die Karosserie- und Stoßfängerüberhänge sind Zugeständnisse an die Serientauglichkeit und so ein vergleichsweise kleiner Preis für den großen Erfolg, den der New Beetle im Straßenverkehr erleben wird. Es galt also von Anfang an, eine Unzahl von derzeit gültigen Gesetzen zu erfüllen – und parallel dazu auch diejenigen Gesetzesvorlagen zu berücksichtigen, die in den Jahren, in denen der New Beetle noch weltweit auf den Märkten angeboten werden soll, in Kraft treten werden.

Parallel zu der intensiven Diskussion um die äußere Hülle gab es natürlich auch reichlich Gespräche, die um die Gestaltung des Interieurs kreisten. Hier hatte Ulrich Lammel, der Leiter des Interior-Teams, die Verantwortung dafür zu tragen, daß das Äußere mit einem adäquaten Inneren gefüllt wurde. Und wie beim Exterior-Design sollten auch im Interior klassische Käfermotive in zeitgemäßer Form neu interpretiert werden. Und es ist schon erstaunlich zu sehen, daß einige wenige Zitate genügen, um in einer doch sehr modernen Umgebung an den Urahn zu erinnern: der streng symmetrische Aufbau der Schalttafel und die Beschränkung auf das Zentralinstrument, aber auch der Beifahrerhaltegriff und die Türnetze. Aber das eigentliche Ziel war es, die Sonderrolle des New Beetle als Chance zu nutzen, um innovatives Interior-Design in die Serie zu bringen.

Wichtig war es, einen geradlinig und symmetrisch aufgebauten Schalttafel-Grundkörper zu schaffen, der mit seinen zentral übereinander und symmetrisch angeordneten Bedienelementen, dem Radio und den Luftausströmern zusammen mit dem großen Rundinstrument an den Käfer erinnert – aber dennoch in der Formsprache und in der Grafik ein völlig neuartiges und modernes Design darstellt. Letztlich sollte der New Beetle nichts anderes als eine zeitgemäße, „Design"-orientierte

Obwohl sich heute jedes Fahrzeug rigorosen Zulassungsbestimmungen zu unterwerfen hat, ist es VW dennoch geglückt, dem New Beetle den Charme der Concept-1-Studie zu erhalten.

Interpretation eines klassischen Themas werden, das den Geist widerspiegelt, mit dem Volkswagen dereinst anfing, die Welt zu erobern. Eine Interpretation, die Hartmut Warkuß so formulieren würde: „Der New Beetle steht für viele positive Werte der Marke Volkswagen. Das sind die Tradition und der einmalige Erfolg des Käfers, aber auch der berechtigte Optimismus, mit dem wir in die Zukunft blicken. Der Ursprung der Marke VW war es, eine ganz neue Art Fahrzeug zu definieren. Diesen Anspruch übertragen wir in jede Fahrzeugkategorie – eben jedem Volkswagen die Qualitäten mitzugeben, die ihm in seiner Klasse eine Sonderrolle einräumen." Und zu der Frage, welche Design-Philosophie VW mit dem neuen Beetle verfolgt, sagte Warkuß: „Wir wollen jedem Modell einen eigenen, klar erkennbaren Charakter geben. Ich finde, daß die Marke Volkswagen stark genug ist, eine große Bandbreite vieler eigenständiger Modelle zu tragen. Dabei steht der New Beetle für die emotionale Seite dieses Hauses."

Bis zum Sommer 1995 wurde dann der erste fahrbereite Prototyp fertiggestellt, mit dem bereits Monate vor der Präsentation in Tokio die ersten Kilometer zurückgelegt werden konnten – Kilometer, die allerdings wenig spektakulär verliefen, da die Golf-Basis bereits mehr als ausreichend getestet worden war. Im Laufe der nächsten Monate sollten noch 62 weitere Prototypen folgen, die entscheidend dazu beitrugen, dem New Beetle zu der Zuverlässigkeit und Sicherheit zu verhelfen, die bereits seine knapp 22 Millionen Vorfahren ausgezeichnet haben.

Spektakulärer als diese 63 Prototypen, die sich rund um die Erde, bei Hitze und bei Kälte, in der Großstadt und bei Crash-Versuchen bewähren mußten, geriet jedoch jene zweite Stufe des Concept 1, die unter der Bezeichnung „New Beetle" Anfang Oktober 1995 auf der Tokyo Motor Show erstmals in ihrer nahezu serientauglichen Form präsentiert wurde. Ferdinand Piëch erklärte anläßlich der Enthüllung des in tiefschwarzen Klavierlack gehüllten Modells, daß der New Beetle als „sichtbares Zeichen der Entschlossenheit, dieses Projekt nun auch zu realisieren", gewertet werden sollte – und er sagte auch, daß von diesem Tag an Vorbestellungen angenommen werden würden. Eine Chance, die sich in den nächsten Tagen nicht weniger als 20 000 Menschen nicht nehmen ließen.

Was sich für die Verantwortlichen, die diesen Wagen unter nicht immer einfachen Umständen innerhalb des Werks forciert hatten, jedoch als viel wichtiger herauskristallisierte, war die überwältigende Akzeptanz, die der New Beetle weltweit in den Medien erfuhr: Jegliche Skepsis, der Wagen könnte bei der Mutation von der Studie zum Serienfahrzeug von seinem Witz, seiner Selbstironie und seiner Pfiffigkeit verloren haben, verflog bei dem ersten Blick auf das tiefschwarze Geschöpf – die Liebe auf den ersten Blick war geblieben, die Freude an dem Griff in die eigene Geschichte bestand fort. Im Gegenteil: Die meisten Berichte würdigten das hohe Maß an Übereinstimmung zwischen den beiden Studien, und manche zeigten sogar Erstaunen darüber, daß es dem Wolfsburger Design-Team geglückt war, die erste Idee nahezu unverändert an den Klippen der Serienfertigung und der Zulassungsbestimmungen vorbeizulotsen.

Im November 1995 folgte dann mit der Verabschiedung des Daten-Kontroll-Modells die endgültige Festlegung des New-Beetle-Designs – von nun an hatten die Produktionsplaner die Verantwortung für die Überführung in die Serienproduktion in ihrer Hand. Natürlich ließ es sich VW nicht nehmen, für die Europa-Premiere auf dem Genfer Automobilsalon im März 1996 wieder eine etwas modifizierte Variante auf den VW-Stand zu bringen – nachdem in der Zwischenzeit in Wolfsburg die Entscheidung gefallen war, das zwei Jahre zuvor am Lac Léman präsentierte Cabriolet vorerst nicht weiterzuentwickeln, durfte sich der New Beetle nun mit einem großen beweglichen Glasdach zeigen, mit dessen Hilfe nahezu ein Cabrio-Gefühl entwickelt werden konnte. Und auch diese Variante trug ihren Teil zu der Beetlemania bei, die mittlerweile über die ganze Welt hereingebrochen war – und die von Volkswagen mit einer Seite im Internet weiter unterstützt wurde.

In den darauffolgenden Monaten war das Design-Team immer weniger gefragt – mittlerweile hatten die Techniker die Führung übernommen; also die Männer und Frauen, die aus der Concept-1-Studie ein in der Großserie produzierbares Fahrzeug schufen. Und knapp zwei Jahre später war es dann soweit: In den ersten Januartagen des Jahres 1998 bekam das begeisterte Publikum der Detroit Motor Show als Weltpremiere das Serienmodell des New Beetle vorgesetzt.

Präsentationen, die begeisterte Zuschauer an den VW-Stand lockten – und die eine auch nach vier Jahren noch immer anhaltende Attraktivität des Designs bestätigten. Der Griff in die Vergangenheit wird jedoch bei einem derart in die Zukunft orientierten Konzern wohl eher die Ausnahme bleiben. Obwohl ihm Hartmut Warkuß zugesteht, daß „das Retro-Design künftig eine gewisse Rolle spielen wird, denn der Markt erwartet von uns Designern Kreativität und Vielfalt. Und das führt dazu, daß auch Formen aus der Vergangenheit zitiert werden können – deshalb haben wir beim New Beetle die Ausdruckskraft des legendären Käfers in eine Formensprache unserer heutigen Zeit gebracht. Es ist eine Sprache mit relativ geometrischen, symmetrischen Formen und klaren Linien – eine Sprache, die auch die Wärme, die der Mensch heute ab und zu erwartet, aus der Vergangenheit in die Gegenwart transponiert."

Aber auch eine Sprache, die die Design-Kollegen zu würdigen wissen – so verlieh die amerikanische Designer-Vereinigung IDSA (Industrial Designers Society of America) dem New Beetle den IDEA 1998 „Gold Award". Die Jury – bestehend aus 13 anerkannten und ausgezeichneten Designern – würdigte mit diesem Preis vor allem das innovative Design des New Beetle, das mit keinem aktuellen Fahrzeug vergleichbar sei: „Ein Design, das von allen Generationen als Meisterstück anerkannt wird, kein anderes Produkt spiegelt den Zeitgeist des ausgehenden Jahrhunderts besser wider. Seine Form verbreitet schon beim bloßen Ansehen gute Stimmung." Der New Beetle erfüllte mit Bravour alle fünf Kriterien: Design-Innovation, Vorteil für den Kunden, geschäftlicher Erfolg, ökologische Verantwortung und entsprechende Form und Anmutung. Eine hohe Ehrung, die in Wolfsburg als beeindruckender Erfolg und als Bestätigung für die in den VW-Designzentren in Kalifornien und Wolfsburg geleistete Arbeit gesehen wurde.

Keine Frage: Hinter dem New Beetle verbergen sich ein paar Wunder – denn hier glückte das Wagnis, mit jungen Augen in das eigene Museum zu blicken und sich dort ohne Ängste und Bedenken zu tummeln. Das Ergebnis ist ein unbezahlbarer Imagegewinn, denn jeder Beetle wird im Straßenbild durch seine charismatische Form Sympathie hervorrufen und auf die Marke „Volkswagen" eine positive Ausstrahlung haben. Und das Beste von allem: Die Käufer sind auch noch bereit, für diese Imagebildung einen Scheck auszustellen.

Dicht umlagert war der New Beetle bei seiner Weltpremiere auf der Detroit Motor Show im Januar 1998 – und es gab auch ein Fahrzeug, auf dem sich alle Mitarbeiter mit einer Signatur verewigen durften.

0
20
40
60
80
100
120
140
mph
km/h
16
miles 16.9
1/2

TREB
BAL
FAD
BASS
ON
STOP
EJECT
VOLKSWAGEN
DOLBY B NR
REW
FF
PROG
MIX
FM1
100.7MHZ
MAN
< SEEK >
1
2
3
4
5
6
AC

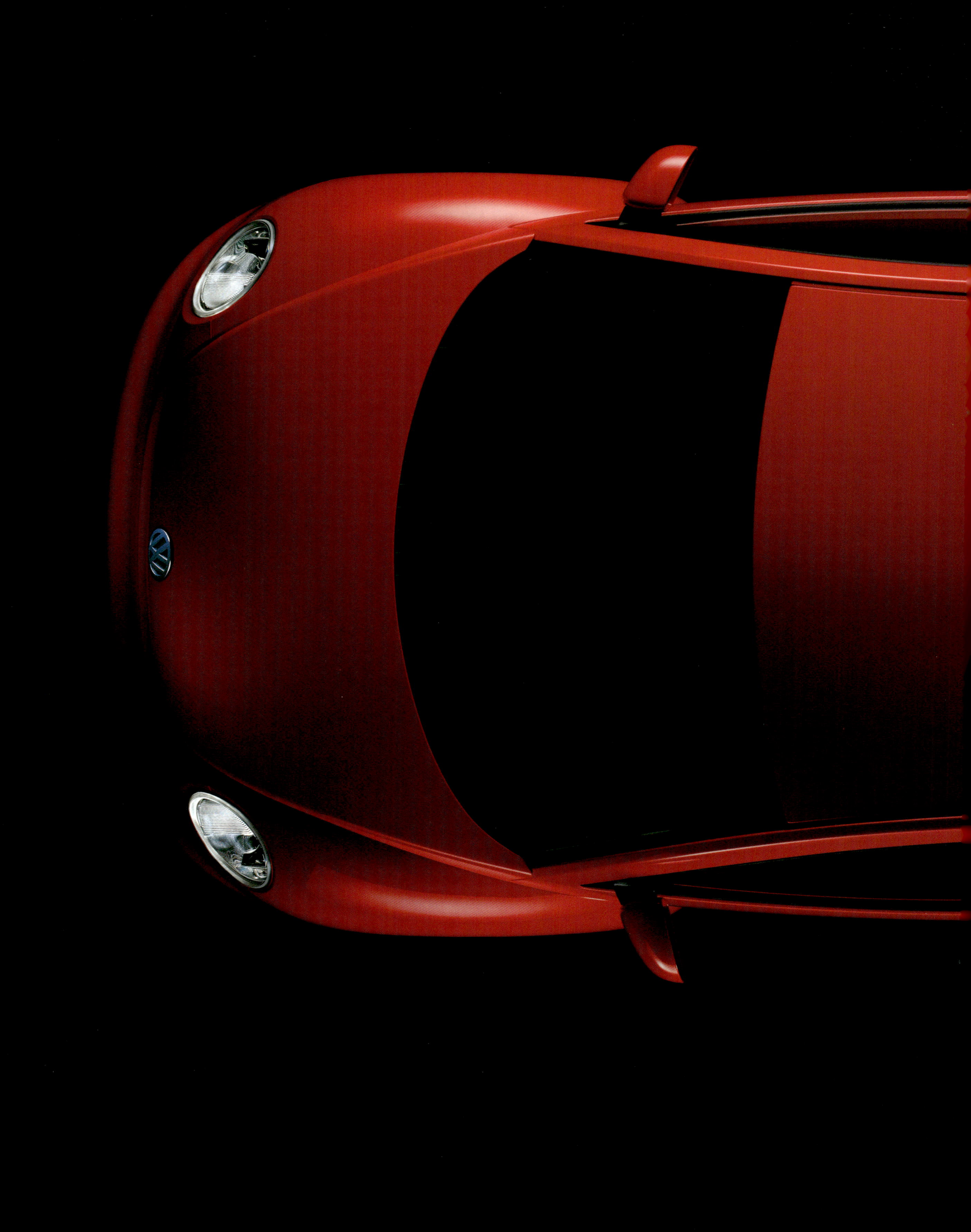

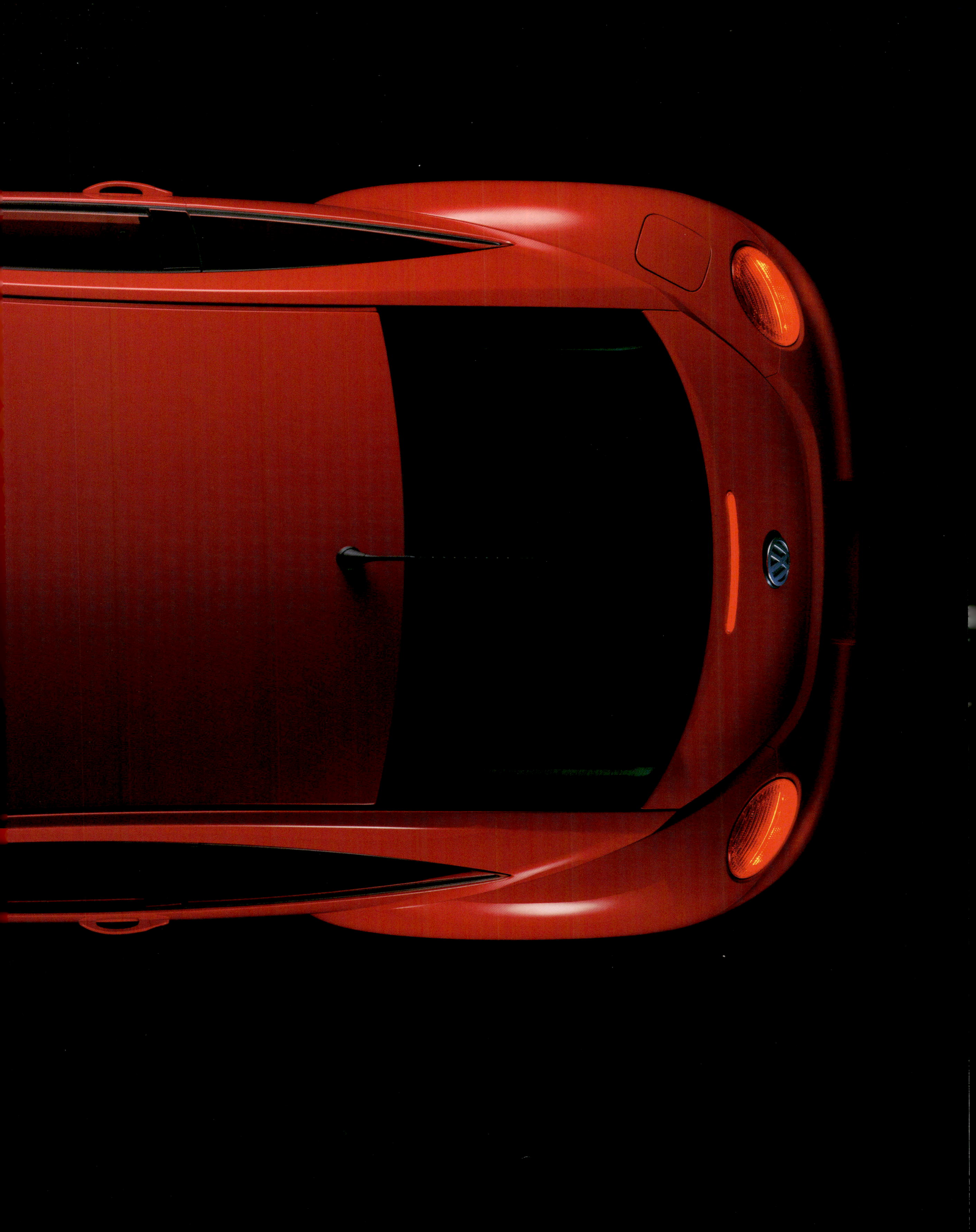

Vom Concept 1 zum New Beetle

Wie Phönix aus der Asche präsentierte sich der New Beetle, als er noch Concept 1 hieß und bei der Detroit Motor Show 1994 der Weltöffentlichkeit vorgestellt wurde. Die Euphorie für dieses neueste Modell von Volkswagen war so groß, daß die Verantwortlichen schon nach kurzer Zeit beschlossen, diesen Wagen in Serie zu produzieren und ihn nach seinem Urahn, dem Käfer, der in den USA Beetle hieß, New Beetle zu nennen.

Einer Legende nachzufolgen ist immer eine schwere Aufgabe, vor allem dann, wenn diese Legende über alle Grenzen hinaus, ohne Wenn und Aber, den Anforderungen Bestand hielt – und diese sogar noch mit Bravour erfüllte. Gleiches gilt selbstverständlich auch bei automobilen Legenden, wie sie der Käfer – der Volkswagen – heute noch ist. Die Enthusiasten bestätigen dem Käfer bis heute eine unübertreffliche Zähigkeit, Robustheit und Funktionsweise, wie sie ihm kein anderer Wagen wirklich nachmachen konnte. Zudem ist der Käfer bis heute ungeschlagen, was die produzierte Stückzahl angeht. Schließlich ist dieser VW bis heute mehr als 21 Millionen Mal verkauft worden. Und geht man davon aus, daß jeder Käfer im Durchschnitt drei verschiedene Besitzer hatte und sich durchschnittlich zwei oder drei Personen in einem Käfer befinden, haben mindestens 120 Millionen Menschen weltweit schon einmal in einem Käfer gesessen. Wahrscheinlich sind es noch einmal mehr, wenn man bedenkt, daß gerade in Afrika, in den lateinamerikanischen Ländern und in Kalifornien der Käfer als Taxi oder als Massentransportmittel galt. Und dennoch – die Zeit und damit die technischen Anforderungen und Herausforderungen haben ihn heute überholt.

So einzigartig hatte ihn aber auch seine Form gemacht, die ihm den Spitznamen des Kugelporsche eingetragen hat. Es sollten nun etliche Jahre vergehen, bis diese Form in neuer Interpretation wieder auf die Straßen zurückkehrte. Als Volkswagen 1994 bei der Detroit Motor Show die Öffentlichkeit mit der gelb lackierten Studie „Concept 1" überraschte, wurden die Rufe nach der Serienfertigung dieses Autos ganz schnell und aus allen Lagern laut. Nicht nur die Älteren, die ihren Führerschein noch dank des Käfers erlangt hatten,

WOB CW 210

Bereits im Sommer des Jahres 1995 war der erste fahrbereite Prototyp entstanden, der nicht nur die Vorlage für die endgültige Form des New Beetle gab, sondern auch schon für technische und designerische Details.

sondern auch die Jungen, die vielleicht aus Studentenzeiten Erinnerungen an ihren ersten Wagen – den Käfer – hatten, plädierten für eine Auflage dieses Concepts.

Noch einmal gesteigert wurde die Euphorie, als Volkswagen mit dem zweiten emotionalen Feuerwerk erneut der Öffentlichkeit seinen Ideenreichtum vorführte. Nur zwei Monate später stand beim Genfer Automobilsalon die rote Cabrio-Version des Concept 1, die wiederum mit ihrer kugeligen Form und ihrem modernen Charme die Herzen aller Betrachter für sich gewinnen konnte. Auch diese Studie stammte aus der Feder des Design-Studios von Volkswagen im amerikanischen Simi Valley in Kalifornien.

Zwar hatten die Wolfsburger durchaus mit einer positiven Reaktion auf den Concept 1 und natürlich erst recht auf die offene Variante gerechnet, aber daß die Resonanz so überwältigend sein würde, hatte niemand wirklich zu träumen gewagt. Anstoß für die Entwicklung der Studie hatten Konzernchef Ferdinand Piëch und Chef-Designer Hartmut Warkuß gegeben. Die Entscheidung darüber, daß aus dem Concept-Car ein Serienauto werden sollte, fiel bei den Entscheidungsträgern relativ schnell – allerdings konzentrierte man sich zunächst auf die Entwicklung der Limousine.

Im Sommer des Jahres 1995 war bereits der erste fahrbereite sogenannte Null-Prototyp fertig. Damit war der Weg zum New Beetle, wie der Concept 1 in Zukunft heißen sollte, bereitet. Schon dieser Wagen wurde den harten Tests unterzogen, die ein Auto über sich ergehen lassen muß, um auch den Anforderungen eines Serienwagens gerecht werden zu können. Dazu gehören nicht nur alle Entwicklungsabschnitte für Fahrwerk, Motoren, Karosserie und andere wesentliche Bestandteile eines Autos, sondern auch die „kleinen" Dinge, wie die

Beim New Beetle waren die technischen Anforderungen ebenso hoch wie bei allen anderen Modellen von Volkswagen. Das bedeutete, daß der Käfer-Urahn, der in Mexiko produziert wird, zahlreiche sicherheitsrelevante Prüfungen über sich ergehen lassen mußte. Dafür wurden einzelne Prototypen von Mexiko nach Wolfsburg geflogen.

Funktion der Heizungsanlage oder der Klimaregelung im Fahrzeug.

Dem allerersten Beetle sollten noch 62 Prototypen folgen, die in verschiedenen Baustufen jeweils eine Weiterentwicklung des Vorgängers bedeuteten. Als Ende des Jahres 1996 die Erprobungsphase mit den Vorserienfahrzeugen zu Ende war, hatte der Beetle bereits 2,1 Millionen Testkilometer hinter sich. Dabei hatte er sich ebenso in der Kälte nördlich des Polarkreises wie in der extremen Hitze der Wüste bewähren müssen. Keine Strecke wurde ausgelassen, um ihn auf Herz und Nieren zu prüfen: Staubige Pisten, Schotterstraßen, Schnee- und Eiswege mußte er dutzende Male bewältigen, bis die Techniker ihr Okay gaben. Um die Erprobung über das ganze Jahr fortführen zu können, reisten die ersten Beetle quer durch die ganze Welt. Nicht nur im Death Valley in den USA mußte er Verfolger abschütteln, die eines der ersten Fotos von ihm schießen wollten.

Da der New Beetle auf dem amerikanischen Kontinent, nämlich im 1964 von Volkswagen gegründeten mexikanischen Werk in Puebla, gefertigt wird und erst ein halbes Jahr nach der Markteinführung in den USA nach Europa kam, wurden unterschiedliche Testabläufe für den amerikanischen

und den europäischen Markt schon bei der Entwicklung vorgenommen. Beide Regionen weisen unterschiedliche gesetzliche Bestimmungen auf, etwa bezüglich der Anforderungen für die Fahrzeugsicherheit oder der Abgasemissionen.

Konzernchef Ferdinand Piëch ließ es sich nicht nehmen, in der Zeit zwischen Frühjahr und Herbst seinen persönlichen Einfluß auf die Auslegung des Konzeptes geltend zu machen. Auch wenn während der gesamten Entwicklungsphase des Beetle die Mitarbeiter der technischen Entwicklung in Mexiko beteiligt waren, lag die Entwicklungsverantwortung für den Beetle bei den Ingenieuren in Wolfsburg. Selbst die in Mexiko gefertigten Prototypen und Vorserienfahrzeuge wurden in das von Wolfsburg gesteuerte und abgewickelte Versuchsprogramm übernommen. Das bedeutete somit auch, daß jede Änderung, die ein Zulieferer oder das Werk in Puebla vornehmen wollte, mit den Wolfsburgern abzustimmen war.

Zudem ging Piëchs Engagement für den Beetle soweit, daß auch alle Entscheidungen – selbst über Details – von ihm selbst getroffen wurden. An einem sogenannten Daten-Kontroll-Modell, das den CAD-Datenstand im Maßstab 1:1 an einem Kunststoffmodell repräsentiert und somit das spätere

Erscheinungsbild in Optik, Haptik und Funktion wiedergab, wurden alle technischen und stilistischen Details besprochen und für die Werkzeuganfertigung freigegeben. Dies beinhaltete das sogenannte Außen- und Innenfugenkonzept, die Außenleuchten- und Scheibenauslegung sowie sämtliche Details des Innenraums. Zudem wurden alle sicherheitsrelevanten Prüfungen direkt in Wolfsburg vorgenommen, was zur Folge hatte, daß die ersten Fahrzeuge oft mehr Flugkilometer hinter sich hatten als solche auf der Straße.

Zu den sicherheitsrelevanten Prüfungen gehört bei einem modernen Auto ganz maßgeblich das Crashverhalten. Dabei griff VW auch auf die technisch heute bereits weit ausgereifte Computersimulation zurück. Hierbei werden die Verformung der Karosserie und die Auswirkungen eines Unfalls auf die Passagiere schon sehr wirklichkeitsnah dargestellt. Anschließend wurden durch Realcrashversuche die Ergebnisse bestätigt und die Rückhaltesysteme im Detail optimiert. Insgesamt unterzog Volkswagen allein 45 Prototypen und Vorserienfahrzeuge den unterschiedlichen Frontal- und Seitencrashs sowie der Überprüfung der Roll-over-Standfestigkeit.

Zusätzlich prüften unabhängige Institute das Crashverhalten des Beetle, und so konnte nach der Einführung in Amerika das amerikanische Versicherungsinstitut für Fahrzeugsicherheit – Insurance Institute for Highway Safety – den Beetle im Mai 1998 zum sichersten Fahrzeug seiner Klasse küren. Dabei mußte sich der Käfer-Enkel einem Offset-Crash unterziehen, der mit einer Geschwindigkeit von 40 mph – das entspricht 64 km/h – ausgeführt wurde. Das Ergebnis zeigte, daß der Beetle in seiner Klasse dank seiner energieverzehrenden Vorderwagenstruktur sowohl die geringste Verformung der Fahrgastzelle als auch die geringste Belastung der Insassen aufwies.

Im Laufe seiner Entwicklungsphase legte der Beetle beinahe mehr Kilometer per Flugzeug als auf den eigenen vier Rädern zurück. Doch die zahlreichen Simulationen und realen Crashtests machten sich bezahlt, denn im Mai des Jahres 1998 wurde der New Beetle vom amerikanischen Versicherungsinstitut für Fahrzeugsicherheit zum sichersten Fahrzeug seiner Klasse gekürt.

Als Fertigungsstätte des New Beetle wurde der Produktionsstandort im mexikanischen Puebla gewählt. Dort laufen neben den Modellen Golf und Jetta/Vento bis zum heutigen Tage auch noch rund 45 000 Käfer pro Jahr vom Band. Die modernen Anlagen in Puebla sind so ausgerichtet, daß ein Fahrzeug in etwa 30 Stunden komplett montiert werden kann – das bedeutet, daß ein Arbeiter in einem Jahr 58 New Beetle baut.

Bei der gleichen Untersuchung konnte der Beetle noch für sich verbuchen, daß er bei den Reparaturkosten als Bester abschnitt. Vier verschiedene Stoßfänger-Crashs, die mit einer Geschwindigkeit von 8 km/h gefahren wurden – wie sie etwa beim Einparken immer wieder passieren können –, zeigten, daß beim Beetle Kosten von 134 US-Dollar entstehen. Gegenüber einer Schadenhöhe bei den Wettbewerbern zwischen 600 und 3000 US-Dollar zeigte sich der Beetle somit als außergewöhnlich reparaturkostenfreundlich.

Daß der Beetle in Mexiko gebaut wird, machte noch einmal größere Investitionen notwendig. Da der Qualitätsstandard der Wolfsburger Produkte einen ausgezeichneten Ruf genießt, sollten gerade bei der Produktion des Beetle keine Ressentiments der Kunden gegenüber diesem Modell entstehen können. Die Produktionsstätte in Puebla gilt seit jeher als Werk, dessen technische Bedingungen, aber auch die Motivation der Mitarbeiter auf hohe Qualität ausgerichtet sind. Dort laufen im Jahr rund 60 000 Golf und etwa 140 000 Jetta sowie nach wie vor 45 000 Käfer vom Band. Der New Beetle soll mit einer Jahreskapazität von 170 000 Fahrzeugen dort für weiteres Umsatz-Plus sorgen.

Die Qualitätsmaßstäbe, die in Wolfsburg an die Entwicklung gestellt werden, mußten auch in Mexiko erfüllt werden. So wurden unter anderem die Mehrzahl der Beetle-spezifischen Werkzeuge in Europa konstruiert und gefertigt und erst nach einer Qualitätsabnahme zu den entsprechenden Fertigungsstätten in Mexiko, den USA und Kanada versandt. Zur Einrichtung dieser Werkzeuge und

der in dieser Phase erforderlichen Teileoptimierung wurden Spezialisten von VW und den Lieferanten zu diesen Produktionsstätten geschickt.

Auf den modernen Anlagen in Puebla wird ein Beetle in etwa 30 Stunden komplett montiert. Das heißt, daß ein Mitarbeiter während eines Arbeitsjahres 58 New Beetle baut. Insgesamt arbeitet VW mit 142 Lieferanten zusammen, die die spezifischen Teile für den Beetle herstellen. Davon produzieren 78 Lieferanten im NAFTA (North America Free Trade Association)-Raum und 64 in Europa. Somit ist der Zulieferanteil beim Beetle mit 83 Prozent auch entsprechend hoch. Die sogenannte Fertigungstiefe beträgt 17 Prozent, wobei ein Automatisierungsgrad von 90 Prozent im Preßwerk, 16 Prozent im Rohbau und 30 Prozent in der Lackiererei zugrunde liegt. Bei den rund 10 000 Einzel-

teilen, aus denen ein New Beetle besteht, sind 55 Prozent aus Stahl, 22 Prozent aus Kunststoff und 23 Prozent aus anderen Materialien.

Auch wenn das Werk in Puebla noch nicht so hochmechanisiert ist, wendet VW bei der Fertigung des Beetle in Mexiko doch alle modernen Produktionsmethoden an, wie sie ebenfalls in Deutschland zum Einsatz kommen. Dazu gehören Roboter ebenso wie Laser und Hochtechnologie. Um alle Einzelteile vor dem Serienlauf zu überprüfen, stehen computergenaue sogenannte Innen- und Außencubings zur Verfügung. Das ermöglicht eine hohe Präzision jedes einzelnen Teils. Überprüft werden dabei alle Einzelteile maßlich und optisch – dabei ist gewährleistet, daß schon bei der minimalsten Abweichung umgehend reagiert werden kann. Zudem wurde eine Wachsflutanlage eingerichtet, um die Karosseriehohlräume nunmehr mit korrosionsschützendem Wachs zu fluten, anstatt wie bisher nur zu besprühen.

Daß das mexikanische Werk den Qualitätsstandard gewährleistet, der für die Wolfsburger Produkte schon fast sprichwörtlich ist, zeigt auch die Tatsache, daß VW für den Beetle eine zwölfjährige Garantie gegen Durchrostung gibt. Die Karosserie des Beetle ist vollverzinkt, was ihn weniger korrosionsanfällig macht als herkömmliche Modelle. Kleine Steinschläge oder das Streusalz des Winters können der Karosserie nichts anhaben, weil durch die Vollverzinkung keine Angriffsflächen geboten

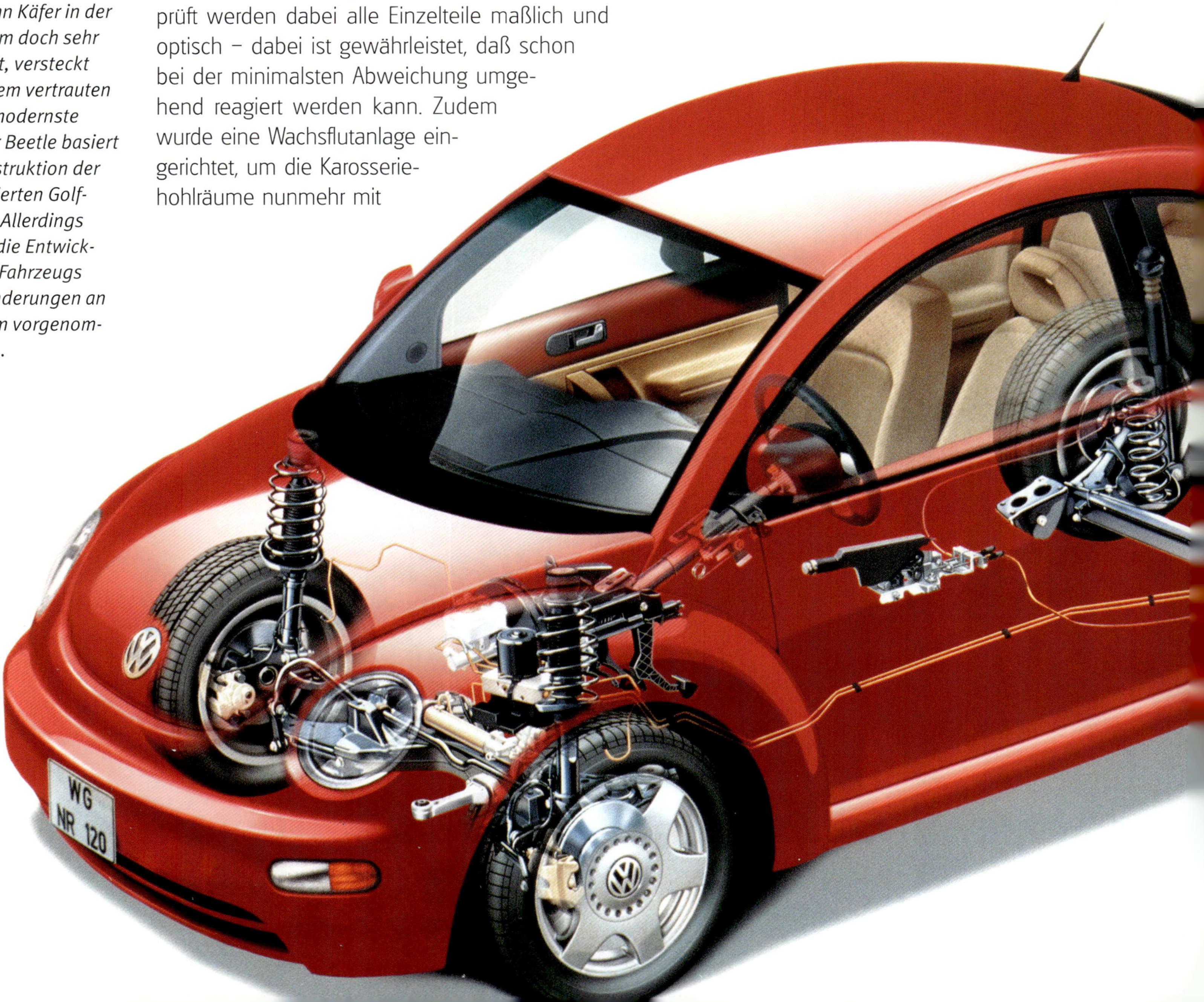

Auch wenn der Beetle seinem Urahn Käfer in der äußeren Form doch sehr ähnlich sieht, versteckt sich unter dem vertrauten Blechkleid modernste Technik. Der Beetle basiert auf der Konstruktion der neuesten, vierten Golf-Generation. Allerdings mußten für die Entwicklung dieses Fahrzeugs einige Veränderungen an der Plattform vorgenommen werden.

Die Karosseriestruktur des Beetle sollte so ausgereift sein, daß bei diesem Fahrzeug keinerlei Kompromisse bei der Fahrzeugsicherheit eingegangen werden mußten. Durch sein steifes Blechkleid überstand der New Beetle den Roll-over-Test, bei dem das Auto zum Überschlag gebracht wird, mit Bravour.

werden. Mit dieser Garantie war VW der erste Automobilhersteller, der – wie bei Golf und Passat – auf einen Wagen eine so lange Absicherung gegen Durchrosten gibt.

Zu der guten Qualität der Karosse trägt aber auch die sehr aufwendige und hochwertige Lackierung bei, die dem Blechkleid des Beetle zuteil wird. In der modernen Lackiererei werden in verschiedenen Arbeitsstufen mehrere Schichten Lack aufgetragen. Dabei werden die Verfahren der Tauchlackierung und des elektrostatischen Lackauftrags im Clean Room angewandt. Zum Abschluß erhält die Karosserie des Beetle eine zusätzliche Klarlackschicht. Sie verleiht noch einmal zusätzlichen Schutz, so daß auch die Farbpigmente durch Umwelteinflüsse nicht abgegeben werden können und mit der Zeit die Farbe nicht an Brillanz verliert.

Voraussetzung für eine reibungsfreie und qualitativ einwandfreie Produktion ist eine Basis, die durch ihre technische Weiterentwicklung bereits Maßstäbe bei der Qualität und der Erprobung gesetzt hat. Als die Entscheidung für die Serienfertigung

Zur Einführung des New Beetle in den USA stellte Volkswagen den Kunden zunächst zwei verschiedene Aggregate zur Auswahl – einen Diesel- und einen Benzinmotor.

des New Beetle fiel, mußte zunächst überlegt werden, auf welche Plattform der neue Wagen gestellt werden sollte. Im Zuge der bei Volkswagen schon seit vielen Jahren vollzogenen Plattformstrategie – ein Konzept, das Vorstand Ferdinand Piëch zu einer seiner wichtigsten Prämissen machte – wurde schnell klar, daß der Beetle auf der Basis der vierten Golf-Generation entstehen sollte, die zu dieser Zeit bereits in Entwicklung war.

Nun hatte der Beetle nicht mehr nur den Käfer als Formgeber und anspruchsvollen Urahnen, sondern auch noch den Golf, als überaus erfolgreichen Mittelklassewagen, zum Vorbild und Geburtshelfer. Bei diesem Erbe schien es offensichtlich, daß der Beetle zu einem Produkt heranreifen würde, das die Stärken beider Fahrzeugserien in sich vereinen könnte: Die sprichwörtliche Zuverlässigkeit und Robustheit des Käfers – der läuft und läuft und läuft – sowie die moderne und bewährte Technik des Golf; schließlich ist der Golf nicht umsonst der erfolgreichste Wagen in seiner Klasse.

Im Gegensatz zu seinem Großvater, mit dem der New Beetle nur ein einziges Bauteil noch gleich hat (die Gummitülle des Spanndrahtes im Spannhimmel wird als Schraubspitzenschutz hinter der Befestigung des Warndreiecks benutzt) und den

er auch in der Größe um einiges überflügelt, ist die Verwandtschaft zum Golf naturgemäß wesentlich größer. Mit seinen Maßen von einer Länge von 4 092 Millimetern (Radstand 2 511 Millimeter), einer Breite von 1 724 Millimetern und einer Höhe von 1,5 Metern wirkt er nicht nur stattlich und kompakt, sondern übertrifft auch die Studie Concept 1 merklich. Diese Vergrößerung war ein Zugeständnis an das Serienfahrzeug, schließlich war die Detroiter Studie der Ausdruck einer Design-Idee, die zunächst vor allem die Karosserie und das äußere Erscheinungsbild in den Vordergrund stellte. Die kreativen Köpfe von Simi Valley hatten letztlich nie die Aufgabe gestellt bekommen, ein bereits komplett ausgereiftes Serienprodukt zu entwerfen.

Die Karosserie des Käfer-Enkels kombiniert hauptsächlich die Materialien Stahl und Kunststoff. So sind die Kotflügel des Beetle aus leicht formbarem Kunststoff gefertigt.

D
WOB CW 210

Auch wenn der Beetle grundsätzlich auf der Basis des Golf oder der des Audi A3 steht, so waren doch zahlreiche Modifikationen nötig. Aus der Plattform wurden etwa 950 Bauteile verwendet, von denen aber zwischen 500 und 600 den besonderen Karosserieverhältnissen des Beetle angepaßt beziehungsweise neu entwickelt werden mußten. Die wesentlichen Veränderungen gegenüber dem Golf beziehen sich auf die Stoßfänger und die Radkästen. Da beim Beetle der Motor vorne sitzt, mußten wegen der runden Form der Karosserie auch in diesem Bereich den Platzverhältnissen entsprechend Modifikationen vorgenommen werden. Verändert wurden unter anderem Kühlwasserbehälter und -schläuche, die Luftansaugung, der Waschwasserbehälter und die Batteriehalterung. Da diese Bestandteile nicht einfach aus dem Golf-Regal entnommen werden konnten, wurden auch hierfür spezielle Werkzeuge gefertigt. Für die Änderung der Teile im Motorraum etwa bauten die VW-Techniker acht Vorderwagen für die unterschiedlichen Motorisierungen und Getriebe. Nur so ließ es sich erproben, ob sich alle Teile ohne Probleme einbauen lassen.

Dennoch konnte die Plattformstrategie auch beim Beetle greifen, obwohl seine ungewöhnliche Form eine besondere Herausforderung an die Ingenieure stellte. So wurde eine ganze Reihe von wichtigen Teilen unverändert übernommen. Dazu gehören zum Beispiel der Boden vorne und hinten, die Reserveradmulde und der Tunnel. Für eine Neuentwicklung dieser Bestandteile wäre ansonsten ein hoher finanzieller Aufwand nötig geworden. Großen technischen Einfallsreichtum und ausgereiftes Know-how machte auch die Entwicklung der Kotflügel nötig. Da diese runde Form heute nur noch zu extrem hohen Kosten aus Stahl produziert werden kann, bestehen diese dem Beetle seine Einzigartigkeit verleihenden Teile aus Kunststoff. Ausschlaggebend war für diese Materialwahl die Fuge, die zwischen Kotflügel und Stoßfängerabdeckung besteht. Da Kunststoff und Stahl sich unterschiedlich ausdehnen, eben einen abweichenden Dehnkoeffizienten haben, wäre es unmöglich gewesen, an dieser Stelle eine Nullfuge zu erreichen, was bei Kunststoff alleine möglich ist. Zusätzlich mußten in diese angrenzenden Teile vorne die Scheinwerfer und hinten die Rückleuchten integriert werden.

Die größeren Maße des Beetle gegenüber dem Käfer hängen auch mit dem größeren Radstand zusammen, der beim Käfer-Nachfolger bei 2 511 Millimetern liegt. Durch die größere Spur ist ein präziserer Geradeauslauf und ein besseres Fahrverhalten gewährleistet. Das sichere und dynamische Fahrwerk, das dem neuesten technischen Stand in der Kompaktklasse entspricht, verfügt über Einzelradaufhängung. Die Vorderradaufhängung besteht aus McPherson-Federbeinen mit Querlenkern, Stabilisator und Schraubfedern. Die Hinterradaufhängung verwendet eine Verbundlenkerachse mit Stabilisator mit verbessertem Eigenlenkverhalten. Die Verbundlenkerachse verfügt über spurausgleichende Buchsen, womit ungewollte Fahrfehler ausgeglichen werden können.

Durch diese Technik war es auch möglich, mehr Platz für den hinten liegenden Kofferraum zu schaffen. Stoßdämpfer und Schraubfeder wurden getrennt, so daß die Federdome im Kofferraum verschwinden können. Somit konnte die Durchladebreite des Stauraumes verbreitert werden, was wiederum die Beladung des 209 Liter fassenden

Bei der Entwicklung des Serienfahrzeugs blieb dem New Beetle keine Tortur erspart. Nachdem die Prototypen ihre Standfestigkeit gegen Eis und Schnee unter Beweis gestellt hatten, wurden sie in die Wüste geschickt. Dort legten sie unzählige Kilometer auf Staub- und Holperpisten zurück.

Bei einem Offset-Crash stellte der New Beetle sein hohes Sicherheitsniveau unter Beweis. Mit einer Geschwindigkeit von 64 Stundenkilometern wurde der Wagen gegen eine Barriere gefahren. Dank der energieverzehrenden Vorderwagenstruktur wies der Beetle eine sehr geringe Verformung der Fahrgastzelle und eine extrem niedrige Belastung der Passagiere auf.

Kofferraums erleichtert. Die Zahnstangenlenkung des Beetle ist servounterstützt, und bei der amerikanischen Version gehören 16-Zoll-Ganzjahresreifen zur Serienausstattung. Für die europäische Version werden serienmäßig 16-Zoll-Sommerreifen – jeweils mit 16-Zoll-Stahlrädern und Vollradverblendung – angeboten. Eine Aluvariante mit 16 Zoll steht wahlweise als Option bereit. Die Winterbereifung ist dagegen mit 15 Zoll ausgelegt, denn nur diese Rad-/Reifengröße garantiert ausreichend Kettenfreigang.

Die Bremsanlage entspricht ebenfalls den modernsten Anforderungen: So sorgen Scheibenbremsen rundum für eine gute Verzögerung, wobei sie vorne innenbelüftet sind. Ein elektronisches Antiblockier-System (ABS) ist weltweit im Serienpaket enthalten. Ebenfalls für die Europaversion serienmäßig regelt ein ESP (Elektronisches Stabilitätsprogramm) zusätzlich die Fahrsicherheit des Beetle. Dabei übernimmt dieses System die Regelung des Fahrwerks, damit bei kritischen Fahrsituationen, wie etwa einer zu schnell angefahrenen Kurve oder bei Glatteisfahrten, der Fahrer die Kontrolle über den Wagen behält.

Das Sicherheitspaket des Beetle umfaßt aber auch noch eine Reihe anderer Funktionen, die Insassen bei einem Aufprall optimal schützen sollen. Zum einen ist das die feste Struktur des Fahrgastraumes. Neben dieser steifen Fahrgastzelle sind Verformungszonen definiert, die im Crashfall die Energie aufnehmen. Kombiniert mit den Rückhaltesystemen, stellt diese Konstruktion ein Optimum an Sicherheit für den Passagier dar. Die Drei-Punkt-Sicherheitsgurte werden unterstützt von pyrotechnischen Gurtstraffern mit Gurtkraftbegrenzern. Bei einem Unfall werden dadurch die höhenverstell-

baren Gurte im Bruchteil einer Sekunde gestrafft und dadurch die beim Aufprall entstehende sogenannte Gurtlose verhindert. Für Kinder an Bord sorgt das von VW bei den anderen Modellen schon eingeführte Kindersitzbefestigungssystem Isofix, das von Herbst an – nach Einführung des europäischen Modells auch weltweit – für den Beetle zu haben sein wird. Dabei sind Fixierungspunkte für die Befestigung von zwei Kindersitzen auf der Rückbank vorhanden.

Zusätzlich sind Fahrer und Beifahrer noch durch zwei Frontairbags und jeweils Seitenairbags geschützt. Die seitlichen Luftsäcke befinden sich wie bei anderen VW-Modellen seitlich in den Lehnen der Vordersitze. VW verfolgt dieses System, weil hierbei die optimale Sicherheit gewährleistet ist, da – egal in welcher Position sich der Sitz befindet – der Airbag sich immer direkt neben dem Passagier auslöst. Bei einem seitlichen Crash, der in der Unfallstatistik sehr häufig auftritt, gewährleisten zusätzliche Seitenaufprallschutz-Maßnahmen, wie Verstärkungen, Knotenbleche sowie Streben und Paddingschäume in den Türen und der B-Säule, ein sehr hohes Maß an Sicherheit.

Beim Frontalzusammenstoß, den der Beetle – wie schon erwähnt – als Bester seiner Klasse in den USA absolviert hat, sorgt zusätzlich zu den beiden vorderen Airbags das Lenksystem mit einer Lenksäule, die sich bei schweren Unfällen zusammenschiebt und dadurch den Airbag in optimaler Position hat, für die erforderliche Sicherheit. Darüber hinaus entspricht das Lenkrad, wenn auch mit einem Beetle-eigenen Design versehen, den gleichen Sicherheitsanforderungen aller VW-Modelle. Grundsätzlich gilt im Innenraum des New Beetle die Prämisse: keine scharfen Kanten und Ecken.

Dieses Prinzip folgt nämlich nicht allein der reizvolleren und attraktiveren Optik, sondern vor allem auch der Sicherheit. So finden sich im Beetle-Inneren weder hervorstehende Griffe oder Bedienungsschalter, noch ragen die Türentriegelungsgriffe hervor.

Als der New Beetle im Frühjahr in den USA für Furore und Aufsehen auf den Straßen sorgte und sich erste Enthusiasten bereits einen von Übersee nach Europa holten, hatten diese zwei Motoren zur Auswahl. Dabei handelte es sich um zwei verschiedene Aggregate, die den rund 1200 Kilogramm schweren Käfer-Enkel antrieben. Als Basistriebwerk pflanzten die Wolfsburger dem Beetle unter die vordere Haube einen 2-Liter-Vierzylinder-Motor ein, der quer eingebaut ist und künftig auch für den Golf zu bekommen sein wird. Dabei werden die vorderen Räder des Beetle angetrieben. Der Einspritzmotor mit Querstrom-Zylinderkopf stellt ein maximales Drehmoment von 165 Newtonmeter schon bei 2600 Umdrehungen pro Minute bereit. Damit ist gewährleistet, daß auf einem breiten Drehzahlband reichlich Kraft zur Verfügung steht.

Das Aggregat mit obenliegenden Nockenwellen, Zahnriemenantrieb und zwei Ventilen pro Zylinder stellt eine Leistung von 115 PS (85 kW) bereit. Damit beschleunigt der Beetle mit 2-Liter-Aggregat in 10,9 Sekunden (Handschaltgetriebe) von Null auf 100 Stundenkilometer, und die Höchstgeschwindigkeit des Wagens liegt bei 185 km/h. Betankt wird der Beetle mit normalem, bleifreiem Benzin, wobei sein Verbrauchswert im Drittelmix mit 8,6 Litern auf 100 Kilometer einem modernen Auto dieser Größe gerecht wird. Denn selbstverständlich achteten die Väter des New Beetle darauf, daß trotz Leistung, Dynamik und Drehmoment der Beetle mit niedrigen Verbrauchswerten auch dem Umweltanspruch gerecht werden kann.

Auf diesem Gebiet bisher ungeschlagen, bewährt sich immer wieder die zweite Motorisierung, die zur Auswahl steht. Da bei Volkswagen schon lange viel Wert auf die Dieseltechnik mit Direkteinspritzung gelegt wird, darf der bewährte TDI-Motor auch beim Beetle nicht fehlen. Zunächst treibt einmal der auch schon aus dem Golf bekannte 1,9-Liter-TDI den neuesten Wolfsburger an. Dieser Reihenvierzylinder mit Dieseldirekteinspritzung und Turboaufladung verfügt über einen Hubraum von 1896 Kubikzentimetern. Bei einer Leistung von 90 PS oder 66 kW bei 4000/min liegt das maximale Drehmoment von 210 Nm bereits bei 1900 Umdrehungen pro Minute an.

Auch dieses Aggregat kann mit ordentlichen Fahrleistungen aufwarten: So liegt die Höchstgeschwindigkeit bei 171 km/h (Handschaltgetriebe) und schon nach 13,1 Sekunden erreicht die Tachonadel die 100-km/h-Marke. In diesem Fall verlangt der 55 Liter fassende Tank nach Dieseltreibstoff, wobei der Tank nach 100 Kilometern bereits wieder durchschnittlich 5,3 Liter abgeben muß. Der Wagen „Made in Mexiko" kann somit uneingeschränkt zu den sparsamen der VW-Familie gezählt werden.

Zum Fahrvergnügen gehören aber nicht nur zuverlässige und dynamische Motoren, sondern auch ein Getriebe, das seinen Anforderungen standhält. Serienmäßig ist der Beetle mit einem Fünfgang-Schaltgetriebe ausgestattet, das leichtgängig und präzise zu schalten ist. Auf Wunsch kann sich der Beetle-Fahrer aber auch eine elektronisch gesteuerte Viergangautomatik einbauen lassen. Sie paßt sich dank ihres sogenannten dynamischen Schaltprogramms (DSP) an die Verkehrssituation und die Wünsche des Fahrers an. Erreicht wird das durch einen Computer, der laufend das jeweilige Fahrverhalten und die Fahrsituation ermittelt. Kontrolliert werden auch die unterschiedlichen Anforderungen an den Beetle, ob er sich nämlich gerade bei einer Bergfahrt, in der Ebene oder im Stadtverkehr befindet. Das DSP steuert so die Schaltpunkte des Getriebes, wie sie der Rechner ermittelt. Damit ist auch möglich, daß der Getrieberechner erkennt, ob der Fahrer seinen Fahrstil geändert hat. Unverzüglich paßt der Computer seine Berechnungen in Richtung Verbrauchs- oder Leistungsorientierung an.

Für den nordamerikanischen Markt wird Volkswagen aber noch eine zusätzliche, stärkere Motorisierung auf den Markt bringen. Dabei soll ein Turbo-Aggregat mit 1,8 Litern Hubraum und einer Leistung von 150 PS (110 kW) zum Einsatz kommen. Dieser Motor soll fürs erste einmal die obere Leistungsgrenze des Beetle markieren, allerdings lassen sich durchaus noch weitere Aggregate aus dem Sortiment des VW-Konzerns gut für den Beetle vorstellen. Darunter fallen zum Beispiel die V5- und V6-Triebwerke oder ein leistungsstärkerer TDI. Konkreter ist da schon ein Fünfzylinder-Aggregat, das nach der Europaeinführung zur Verfügung stehen wird. Es wird eine Leistung von 110 kW oder 150 PS aus 2,3 Litern Hubraum schöpfen. Dank des größeren Hubraums wird eine noch komfortablere Motorcharakteristik erzielt werden.

Im Herbst 1998 wird sich der Beetle aber auch sonst ein bißchen verändert haben, denn für den europäischen Markt mögen nicht nur andere Motoren relevant sein, sondern auch Details der Sicherheits- und der Innenausstattung. Die unterschiedlichen Abgasbestimmungen machen leichte Veränderungen an der Reinigungsanlage notwendig – eine Veränderung, die der Kunde aber nicht bemerken wird. Auffälliger sind da schon Ausstattungsmerkmale, die in veränderter Form in Erscheinung treten. Am besten wird das am VW-Emblem zu sehen sein, das bei der US-Version in Chrom mit schwarzem Hintergrund auf der vorderen und hinteren Haube prangt. Für Europa gleichen die Wolfsburger ihr Zeichen der Variante an, wie es offiziell seit 1995 geführt wird: ein weißes VW-Zeichen auf blauem Untergrund. So wird es dann die Motorhaube, den Kofferraumdeckel, die Radkappen und das Lenkrad zieren.

Der Beetle wird auch schon nach rund einem halben Jahr Produktion einer kleinen Modellpflege unterzogen. Das Cockpit wird in Kleinigkeiten leicht verändert – wie etwa die Uhr oder die Anzeige für die Außentemperatur, die nun in den inneren Rückspiegel integriert wird. Die in den USA so beliebten Cupholder – in der Mittelkonsole – werden austauschbar mit einem Aschenbecher sein.

Daß der Beetle sich spätestens nach seiner Markteinführung in den USA mit seinem freundlichen Gesicht, das den Betrachter anzulächeln scheint, bei den meisten Autofahrern schon ins Herz gefahren hat, zeigten die hohen Bestelleingänge. Die Beetle-Mania blieb aber nicht auf den amerikanischen Kontinent beschränkt, denn eine gute Anzahl ungeduldiger Beetle-Fans scheute nicht die Mühe und die Kosten, sich aus Mexiko einen Wagen nach Europa zu holen, bevor nur ein einziger VW-Händler einen zum Betrachten in den Schauräumen hatte.

Der Beetle scheint eines geschafft zu haben, was noch keinem anderen neuzeitlichen Auto so schnell gelungen ist – er wurde schon vor der Produktion zum Kultobjekt erhoben, er baute seine Fangemeinde aus, bevor die allermeisten ihn überhaupt einmal in natura sehen konnten. Seine Form, die selbstverständlich auch kein anderer Automobilhersteller außer Volkswagen zitieren durfte, macht ihn zu einem Automobil, das im Straßenbild nie untergehen wird.

Seine moderne und ausgereifte Technik, die hohe Verarbeitungsqualität und die zeitgemäß hohe Sicherheitstechnik machen ihn zu einem Auto, bei dem man sich als Besitzer auf keine Kompromisse einlassen muß. Der Beetle ist ein Wagen, der es sich erlauben kann, ohne Namenszug auf der Karosserie daherzukommen, denn er wird kein Namenloser bleiben, weil ihn auch ohne Aufschrift jeder erkennt und jeder weiß, wer er ist: der New Beetle.

Mit dem New Beetle wollte Volkswagen beweisen, daß Autos heute mehr denn je die Emotionen der Käufer ansprechen. Mit der Neuinterpretation der altbekannten Käfer-Karosserieform erinnert er an einen Vorfahren, der in den 50er Jahren für das Wirtschaftswunder Deutschland stand. Allerdings hat der New Beetle auch die Bürde zu tragen, immer wieder mit dem Käfer verglichen zu werden, obwohl er außer der ähnlichen Form nur noch ein einziges Bauteil mit seinem Urahn gleich hat.

WOB CW 210

Daß der New Beetle weltweit für Furore sorgte, bewies schon vor seiner Markteinführung in den USA die große Anzahl an

Vorbestellungen, die getätigt wurden. Auch in Europa verhielten sich die Beetle-Fans kein bißchen anders, denn als der Wagen offiziell im Oktober des Jahres 1998 bestellt werden konnte, waren die Subskriptionslisten übervoll.

Ein Auto, das für sich spricht

„Auch wenn der Motor nun unter der Fronthaube steckt, so ist sein Herz doch an derselben Stelle geblieben" – die amerikanische New Beetle-Werbung appelliert an das Herz.

Eigentlich ist der „New Beetle" der Glücksfall für jeden Werber – denn dieses Auto spricht im wahrsten Sinne des Wortes für sich: Bereits mit der freundlich gewölbten Frontpartie lächelt es seine Umwelt gewinnend an – und hinterläßt dabei keinen Zweifel daran, daß man es einfach liebhaben muß. Andererseits kann dieses Gefährt seinen Begleitern von der Werbefront aber auch Probleme bereiten – denn was soll man noch zu einem Fahrzeug texten, das alle Welt bereits nach wenigen Tagen fest in sein Herz geschlossen hatte?

Eine Frage, die jedoch eine gewisse Herausforderung in sich birgt, denn der New Beetle verfügt – so sehen jedenfalls die Marketing- und Werbespezialisten die Situation – über einen immensen Fundus an unterschiedlichsten Liebhabern und Freunden, die sich diesem Fahrzeug von den verschiedensten Ebenen her nähern. Eine Interessenten-Klientel, der man durchaus unterschiedlich entgegentreten sollte.

Eine inhomogene Schicht, die einerseits die älteren Interessenten, die dereinst auf einem Käfer ihre Fahrstunden absolvierten und den Ur-Ahnen als das erste Auto erlebten, umfaßt. Menschen, denen der Käfer die erste individuelle Mobilität ermöglichte – samt aller verklärten Erinnerungen an die gute alte Zeit, in der die Autos noch ein Leben lang hielten und als Familienmitglied adaptiert wurden. Dazu kommen andererseits die etwas jüngeren Liebhaber, die ihre Jugend in den 60er und 70er Jahren mit den günstig erstandenen Exemplaren verbrachten – und mit ihren buntbemalten Krabbeltieren

**The engine's in the front,
but its heart's in the same place.**

zu Klängen von Jimi Hendrix und Jefferson Airplane in die Türkei oder an die Baja California reisten.

Und zu diesen nostalgisch angehauchten Käfer-Freunden gesellen sich nun auch jüngere Käuferschichten, die mit dem alten Käfer nicht mehr so viel anfangen können. Diese New-Beetle-Fans haben sich einfach in ein unglaublich charmantes Automobil verliebt, das sich so grundlegend von so vielen anderen Fahrzeugen unterscheidet. Männer und Frauen, die dem VW-Signet vertrauen und die um die Qualität dieser Marke wissen.

Es war also keine leichte Aufgabe, auf die sich die Kreativen bei Volkswagen of America, Inc. und deren Agentur Arnold Communications einließen – zwar konnten sich die Werber auch hier auf einen

Schwierige Frage: Soll ich lieber mit ihm fahren – oder mit ihm schmusen?

Wenn man der Werbung Glauben schenken darf, kann man mit dem New Beetle sogar Erinnerungen wiedererwerben.

Sympathie-Bonus verlassen, der sich direkt auf die Zeiten zurückverfolgen ließ, in denen VW in den 60er Jahren die berühmte Madison-Avenue (das Herz der amerikanischen Werbung) mit seiner unkomplizierten und auf wenige Schlagzeilen reduzierten Werbung revolutionierte und eroberte. Aber es galt auch, diesen Bonus in die heutige Sprache zu transponieren – und eine adäquate Bildsprache zu finden. Doch das Ergebnis überzeugte: Arnold Communications fand die richtige Mischung – und so sorgte die New-Beetle-Kampagne auf Anhieb für Begeisterung und prestigeträchtige Preise.

Aber vielleicht sollte man zuerst Arnold Communications kurz vorstellen – die Agentur, die seit 1995 für VW of America arbeitet und mit dem Slogan *Drivers wanted* erstmals ihr Können unter Beweis gestellt hatte. Mit dieser Aufforderung – die in voller Länge „On the road of life there are passengers and there are drivers. Drivers wanted." lautete – hatte Volkswagen in den USA wieder an die alten Zeiten anknüpfen können, in denen die VW-Werbung den Trend bestimmte. „Auf der Straße des Lebens gibt es zwei Sorten von Menschen: Diejenigen, die den Kurs bestimmen – und die anderen, die sich fahren lassen. Wir suchen die Männer und Frauen, die den Kurs bestimmen." Mit „Drivers

Typisch für die US-Werbung: schlichtes Bild und cooler Spruch.

wanted" beschritt Arnold Communications einen völlig neuen Weg in der Werbung – einen Weg, den die Kommunikationsbranche aufmerksam beobachtete, und der VW zu einem deutlich besseren Image verhalf.

Natürlich stand von Anfang an fest, daß die New-Beetle-Werbung in dem Land entwickelt werden sollte, in dem der Wagen zur Ikone werden sollte: in den USA. Und so machte man sich zuerst einmal daran, ein Kundenprofil zu finden. Bei diesen ersten Befragungen ergab sich dann – ähnlich wie später auch in Deutschland – die klare Erkenntnis, daß der Wagen quer durch sämtliche Käuferschichten seine Liebhaber und Käufer finden würde. Und was bei den Untersuchungen herauskam, war für alle Beteiligten ziemlich überraschend. Egal wie alt die Befragten waren, egal aus welchen sozialen Schichten sie kamen – sie zeigten alle exakt dieselbe Reaktion: Sie lächelten und hatten gute Laune. Ein Mitarbeiter definierte die Reaktion folgendermaßen: „Jeder der Befragten wollte als erstes auf den New Beetle zugehen und ihn anfassen. Wenn es sich bei ihm um eine Person handelte, hätte man den Eindruck gewinnen können, daß er von den Männern und Frauen als guter, alter Freund gesehen wurde, den man nach einer längeren Trennung mit einem Lächeln und einem vertrauten Schlag auf die Schulter begrüßte. Natürlich war uns nach dieser Erfahrung klar, daß wir mit dem New Beetle über eine erfrischende Alternative auf dem Automarkt verfügen würden."

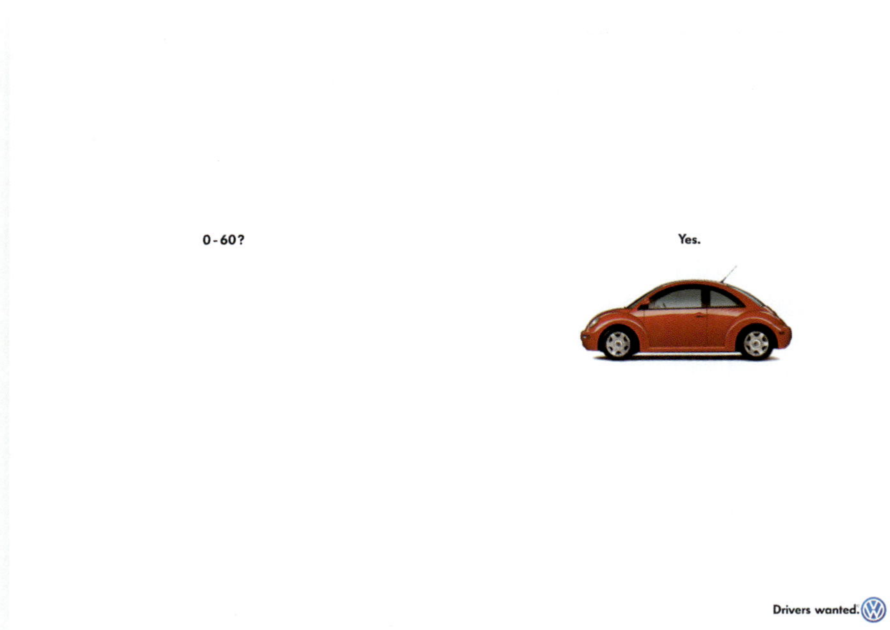

Natürlich kann man auch mit einem New Beetle 60 Meilen pro Stunde erreichen – aber wen interessiert schon, in welcher Zeit!

Und bei Arnold Communications, wo man für die New-Beetle-Kampagne verantwortlich zeichnete, beschreibt man das ungewöhnliche Objekt in etwa so: „Dieses Auto inszeniert sich selber. Die Aufmerksamkeit für diesen Wagen kommt von alleine – und die Begeisterung, die er rund um die Welt auslöst, zeigt auch, daß er keine Form der Show benötigt, um zur Kenntnis genommen zu werden."

Deshalb wurde auch niemals darüber nachgedacht, mit dem New Beetle eine besonders aufwendige Kampagne zu fahren. Im Gegenteil – sie sollte so puristisch wie möglich sein, um nur eine Botschaft zu vermitteln: Dieses Auto bietet dir das etwas andere Lebensgefühl. Dieses Auto ist locker und entspannt – und es vermittelt dir eine positive Sichtweise. Eine Sichtweise, die den New Beetle dadurch von anderen Gefährten unterscheidet, daß er dich zum Individualisten macht, der den breiten Strom der Masse meidet, ohne das Thema Vernunft zu vergessen. Etwa so, wie sich die Amerikaner in den 50er und 60er Jahren bewußt für einen individuellen und dennoch vernünftigen Käfer entschieden – und diese Entscheidung zugleich auch ein Willensakt gegen den typischen amerikanischen Schlitten darstellte. Ein Akt der Emanzipation, der einen zwar aus dem Main-Stream holte – einen aber andererseits nicht in die Ecke des Exoten stellte, der auf die Ratio verzichten mochte.

Aus dem Wunsch heraus, diese Werbekampagne (ähnlich wie die des Vorgängers) sehr puristisch zu gestalten, ergab sich natürlich auch zwangsläufig, daß das Objekt selbst – also der New Beetle – einfach präsentiert werden sollte. Deshalb achtete man bei den Werbeaufnahmen darauf, daß der Beetle nicht mit besonderen Lichttricks inszeniert wurde – und daß er sich anschließend nicht mit der Hilfe aufwendiger Computeranimation in ein unnatürliches Umfeld stellen lassen mußte. Die Botschaft war klar: Der New Beetle ist ein Stück Lebensgefühl, das sich mit der legendären Lockerheit der alten Käfer-Kampagnen darzustellen hatte.

„Natürlich gab es eine Anlehnung an die USA und deren Affinität zum Old und New Beetle". Für das Team um Ron Lawner und seine beiden Creative Directors Lance Jensen und Alan Pafenbach war es aber auch von Anfang an klar, daß sich diese unvergessene Begeisterung für die alten Zeiten nicht in irgendwelchen Retro-Kunststücken manifestieren durfte, „da wir wußten, aus wie vielen Ecken die Liebhaber dieses Fahrzeugs kommen würden, konnten und wollten wir für den New Beetle keine Positionierung vornehmen – egal in welche Ecke man ihn gestellt hätte, wir hätten immer einige Interessenten ausgegrenzt."

So kam es zu einer Kampagne, die den New Beetle als Objekt versteht, das sich nüchtern und sachlich präsentiert – und von einer Philosophie begleitet wird, die eben diese Freiheit von irgendwelchen Positionierungen witzig und souverän auffängt.
Eine Alternative, die sich – trotz aller Ähnlichkeit mit dem Käfer vergangener Tage – auf Anhieb als kongeniale Begleitung eines eigenständigen Modells etablierte. Auch wenn der New Beetle die Emotionen und die Magie der Vergangenheit verkörpert, so wurde er doch nicht als Neuinterpretation eines bereits bekannten Themas gezeichnet und entwickelt, sondern als neues und modernes Auto konzipiert – „als Beetle des 21. Jahrhunderts", meint Ron Lawner, und der Chief Creative Director von Arnold Communications ergänzt: „Der New Beetle ist ein faszinierendes Produkt – er verfügt

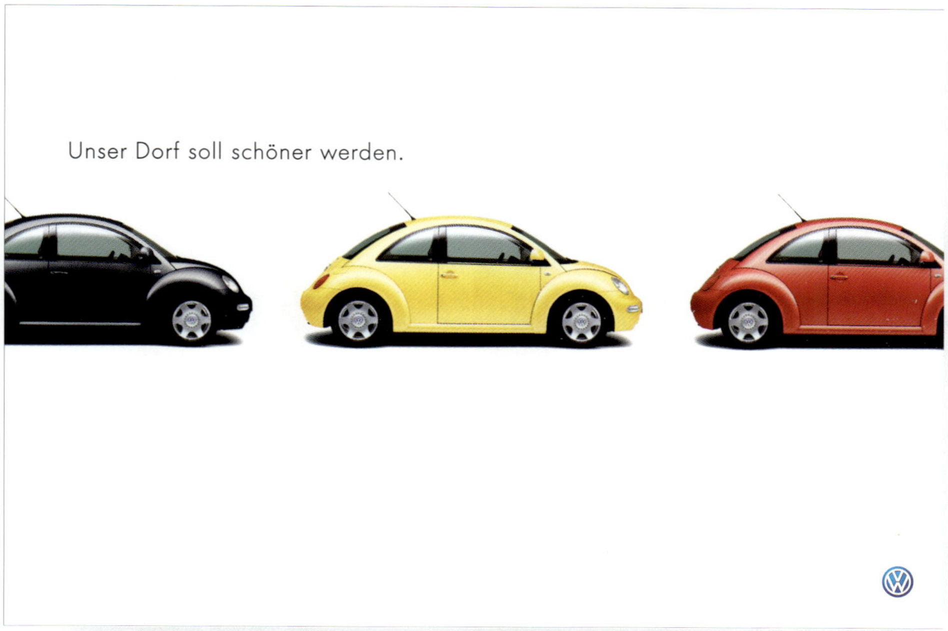

über einfache Formen, er ist ehrlich und einfach wunderbar. Sein Design reflektiert den Zeitgeist, aber es bleibt dennoch zeitlos. Und was allen Beteiligten am besten gefällt: Der New Beetle bereitet einfach Spaß."

Natürlich war allen Beteiligten klar, daß man an der von den Amerikanern vorgegebenen Grundlinie nichts verändern sollte – dementsprechend klar gerieten auch die deutschen Headlines.

Und so hat sich das US-Team darum bemüht, die Werbung zu einer Mischung aus modernem Zeitgeist und jener legendären Coolness zu machen, die bereits vor 30 Jahren begeisterte. Die Tatsache, daß der New Beetle quer durch sämtliche Alters- und Einkommensschichten auf eine derartig hohe Akzeptanz stieß, bestimmte natürlich auch die Werbekampagne, die Arnold Communications für den New Beetle entwickelten. Dort hatten die Kreativen einfach einen Weg zu finden, der den Wagen auf eine sehr einfache, aber überzeugende Art und Weise vorstellen würde – nur so konnten die Interessenten ihren ganz persönlichen Weg finden, wie sie sich dem Fahrzeug nähern wollten.

„Der New Beetle verfügt über eine der eigenständigsten und schönsten Formen, die derzeit im Angebot sind", erläutert Ron Lawner die Gedanken hinter der Kampagne, „das einfache und überzeugende Design verlangt auch nach einer einfachen und überzeugenden Werbung – deshalb haben wir uns eine Werbekampagne einfallen lassen, die sich diesem schlichten und modernen Design anpaßt. Und parallel dazu haben wir uns natürlich auch an die Werbegeschichte des Käfers erinnert, die dereinst weltweit für Furore sorgte – schließlich wären wir dumm gewesen, wenn wir diese legendäre Vergangenheit ignoriert hätten."

Deshalb entwickelte die Agentur eine geradlinige, intelligente und dynamische Werbung für die Printmedien und für Werbespots, die den New Beetle ohne technische Tricks zeigen – und mit einigen wenigen begleitenden Worten an den Intellekt und die Freude am Umgang mit Worten appellieren. Auch hier sind keine Menschen zu sehen, die nur von dem New Beetle abgelenkt hätten – statt dessen sind Sätze wie *Less Flower, More Power* oder *0 – 60? Yes* zu lesen. Kurze Wortspiele, die dem Leser zu erkennen geben, daß die Beschleunigungszeit von Null auf 60 Meilen pro Stunde (oder knapp 100 km/h) in einem New Beetle letztlich nebensächlich ist.

Andere Aussagen wie *If you sold your soul in the 80s, here's your chance to buy it back* („Wenn Sie einen Teil Ihrer Seele in den 80er Jahren verkauft haben, dann haben Sie nun die Chance, sie zurückzukaufen") oder *Hug it? Drive it?* („Soll ich nun mit ihm knuddeln oder mit ihm fahren?") appellieren ebenfalls an die emotionale Seite des New Beetle, während sich das Team für die einzelnen amerikanischen Großstädte besondere

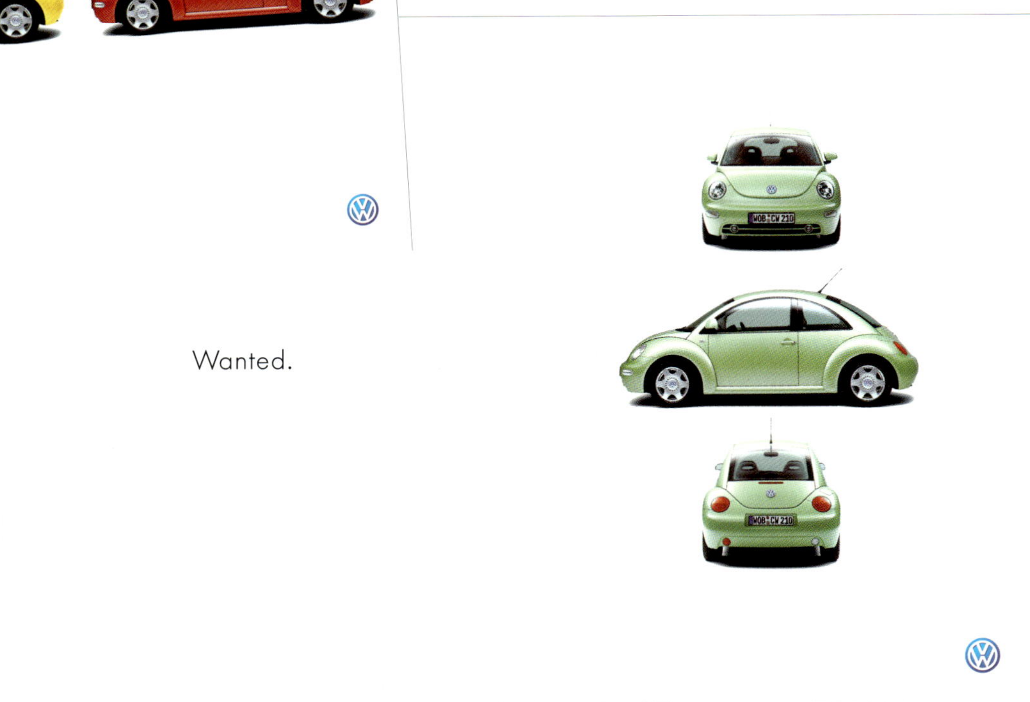

Das Credo der New Beetle-Werbung: „Ein einfaches und überzeugendes Design verlangt auch nach einer einfachen und überzeugenden Werbung."

Bonbons einfallen ließ. Beispielsweise für New York: *Cabbies will smile before cutting you off* oder *Just what New York needs, a car that stops traffic* – auf deutsch: „Die Taxifahrer werden lächeln, bevor sie Ihnen den Weg abschneiden“ oder „New York hat schon immer ein Auto gebraucht, das den Verkehr zum Stillstand bringt“. Statements, die jeden Bewohner der Millionenstadt zum Schmunzeln bringen, weil sie die rüden Fahrmethoden der Taxifahrer nur zur Genüge kennen.

Endlich gibt es wieder einmal ein Fahrzeug, bei dem der Spaß und die Freude wieder Oberhand gewonnen haben.

Letztlich sollte die Werbung nur zum Ausdruck bringen, daß der New Beetle über derart viel Eigenständigkeit verfügt, daß er für sich selbst sprechen kann – er benötigt keine artifiziellen Welten, um zur Kenntnis genommen zu werden. „Ich glaube, daß es uns gelungen ist, eine flexible und dynamische Werbung zu kreieren, die zwar hin und wieder einen respektvollen Hinweis in die Vergangenheit gibt, aber eigentlich klar und deutlich in der Gegenwart zu Hause ist – und in die Zukunft weist.“ Für die Werber ist die New-Beetle-Werbung ein gelungenes Beispiel dafür, „daß hier einem Fahrzeug, das bereits bei der Präsentation in seiner Schlichtheit zum Klassiker mutierte, eine Werbung zur Seite gestellt wurde, die genauso modern und klassisch zugleich ist. Jede der Aussagen steht für sich selbst – und dennoch ergeben sie gemeinsam eine Kampagne, die den New Beetle in seiner gesamten Bandbreite abdeckt. Wir sind sicher, daß jeder Interessent sein ganz persönliches Lieblingsmotiv entdecken wird.“

Daß VW und Arnold Communications etwas ganz Besonderes gelungen zu sein scheint, zeigte sich dann spätestens im Juni 1998, als die 22 Juroren des 45. Cannes International Advertising Festivals dieser Werbekampagne mit dem Grand Prix den wichtigsten Preis überreichten. Damit hatte sich die Jury unter den mehr als 7000 Bewerbern, die aus mehr als 60 Ländern an die Cote d'Azur gereist waren, ebenfalls für „Less Flower, More Power“ oder *The engine's in the front, but it's heart's in the same place* („Auch wenn der Motor nun unter der Fronthaube steckt, so ist sein Herz doch an derselben Stelle geblieben“) entschieden. Eine Entscheidung, die natürlich von Volkswagen of America mit Begeisterung zur Kenntnis genommen wurde. Arnold Communications: „Klar, daß wir alle glücklich sind – der New Beetle spricht die Herzen und Emotionen an, und das kann in Zeiten wie den unsrigen nicht schaden.“

Und so war man sich auch bei dem Team, das diese Werbung in den deutschen Markt transponieren sollte, rasch darüber im klaren, daß man an der Grundlinie nichts verändern durfte – letztlich ging es auch in Deutschland darum, den Sympathie-Virus, den dieses Auto ausstrahlt, so zu verpacken, daß er auch die wenigen Betrachter infizieren würde, die er noch nicht befallen hatte.

Dementsprechend fanden die deutschen Werber beispielsweise Sätze wie: *Unser Dorf soll schöner*

„Less flower. More power." – mit dieser Aussage bereicherte VW den amerikanischen Wortschatz. Und begeisterte auch die Juroren des 45. Cannes International Advertising Festivals, bei dem diese Kampagne mit dem Grand Prix *ausgezeichnet wurde.*

werden – und dazu das einfache Bild des New Beetle. Oder: *Plötzlich ist die Welt wieder rund* – und parallel dazu der optische Beweis, daß es wieder ein Automobil gibt, bei dem die runden Formen ihren völlig eigenen Reiz entfalten. Schön ist auch der Satz: *Form follows Fun* – mit der Botschaft: Es gibt wieder ein Fahrzeug, bei dem der Spaß und die Freude die Oberhand gewonnen haben. Sätze, die natürlich deswegen besonders leichtfallen, weil jeder Betrachter bereits durch das VW-Logo parallel zu der Lust an der Freude auch signalisiert bekommt: Dahinter steckt aber immer ein Volkswagen, über dessen Qualität und Zuverlässigkeit wir hier nicht weiter diskutieren müssen. Es gab aber auch andere Motive – beispielsweise: *Volksbegehren* oder *Love-Parade*.

Aber hinter jeder Headline steckte immer die Erkenntnis, daß die Betrachter des New Beetle bereits eigene Begeisterung einbringen, wenn sie sich diesem ausgefallenen Objekt nähern. Hier soll jeder zu diesem Wagen individuell Stellung beziehen können und seine eigenen Emotionen einbringen – das ist auch einer der Gründe dafür, warum dieser Wagen von keinen technischen Erläuterungen begleitet werden sollte: Rationelle Komponenten spielen bei diesem Fahrzeug keine Rolle – die technische Kompetenz ist bereits durch die Reputation des Hauses Volkswagen gesichert.

Ob die Werbung des New Beetle den Bekanntheitsgrad der „alten" Käfer-Werbung erreichen wird? Daran kann wohl kein Zweifel bestehen – denn bereits die ersten Proben begeistern das Publikum weltweit, und die Preise bei den großen Werbe-Festivals sprechen eine ähnliche Sprache. Denn: Wer bei diesen Wettbewerben die Nase vorne hat, hat sich bereits gegen die kritischste und härteste Konkurrenz durchgesetzt – die Kollegen. Dagegen ist die Zuneigung des Publikums vergleichsweise leicht zu erreichen.

Less flower. More power.

Beetle im Internet
Ein weltweit origineller Auftritt

Als die Studie Concept 1 in Detroit 1994 gezeigt wurde, war die Euphorie für dieses Auto so groß, daß die Verantwortlichen in Wolfsburg möglichst schnell etwas unternehmen wollten, um den Zuspruch aus der Öffentlichkeit nicht wieder im Sand verlaufen zu lassen, sondern auch den Beetle-Fans ein Forum zu bieten, wo sie ihrer Begeisterung Ausdruck verleihen konnten. Nachdem die Entscheidung gefallen war, daß der Beetle in Serie gehen würde, starteten die Wolfsburger im März 1996 den Auftritt des Beetle im Internet. Anlaß war die Vorstellung der neuesten Entwicklungsstufe des Beetle beim Genfer Automobilsalon. Von diesem Tag an konnte jeder, der sich für den New Beetle interessierte, unter der Internetadresse www.beetle.de seinem neuen Hobby frönen.

Die Inhalte der Website sind so vielfältig, wie es der Beetle selbst auch ist, schließlich mußten sich die meisten Interessierten bis zur offiziellen Präsentation des Beetle bei der Detroiter Motor Show 1998 gedulden, bis sie dieses Auto in seiner endgültigen Form bewundern konnten. Auf der Eröffnungsseite begrüßt VW den Internetbesucher mit den Worten „Willkommen beim spektakulärsten Fahrzeugkonzept von Volkswagen". Unter einer Reihe von Stichworten kann der Beetle-Fan alles über den Beetle erfahren, was ihn interessiert – und darüber hinaus mit seinem Kultobjekt auch noch spielen.

Unter der Rubrik „Hot" etwa fand man alle aktuellen oder besonders erwähnenswerten Neuheiten

zum Beetle im Internetprogramm. Darunter fiel zum Beispiel die Aktion „New Beetle Hits on CD", bei der sich Internetnutzer aus 200 Musikstücken interaktiv eine CD zusammenstellen konnten. Schon nach kurzer Zeit hatten sich mehr als 3 000 Musikbegeisterte an dieser Aktion beteiligt, wobei 2 000 von ihnen das Erscheinen der CD nicht abwarten konnten und schon einmal ihre Vorbestellung abgaben. Da den Begeisterten der Beetle aber vielleicht auch am Arbeitsplatz begleiten sollte, bot VW einen Bildschirmschoner an, der aus vier Einzelteilen bestand und im monatlichen Abstand aus dem Netz heruntergeladen werden konnte. Und wer sich vielleicht noch enger mit dem Beetle in Zusammenhang bringen wollte, konnte am „New Beetle Slogan Wettbewerb" teilnehmen.

Aber auch für die Technikinteressierten sollte das Programm im Internet die neuesten Entwicklungen rund um den Beetle bereit halten. Das Stichwort „Tech" offenbarte drei Produktvideos, die als sogenannte Videos on Demand heruntergeladen werden konnten. Auch wenn zu dieser Zeit der Beetle in den Entwicklungsstudios immer mehr reale Formen angenommen hatte, zeigte „Cybercar" ein virtuelles 3D-Modell des New Beetle, das von allen Seiten betrachtet werden konnte. Und weil eine Außenansicht alleine noch nicht den letztendlichen Eindruck vermittelte, demonstrierte „Inside view" den 360-Grad-Rundumblick des Innenraums.

Aber nicht nur die aktuellen Neuheiten rund um den Beetle konnte der Internetnutzer unter „The Idea" erfahren, sondern natürlich auch die komplette Entstehungsgeschichte des New Beetle, die sich vom ersten Auftritt des Concept 1 1994 in Detroit bis zum aktuellen Zeitpunkt vollzogen hatte. „Facts & Figures" etwa bot eine Übersicht aus Zahlen, Daten und Fakten, wie es sie beispielsweise zum Auftritt des Beetle 1996 beim Genfer Autosalon gab.

Wer es gar nicht mehr abwarten konnte, hatte schon frühzeitig über Internet die Möglichkeit, sich unter „Sign In" als offizieller Beetle-Fan registrieren zu lassen oder in der „Gallery" seinen persönlichen

Auf die Kreativität der Beetle-Fans setzte Volkswagen, als der Wolfsburger Hersteller im Internet einen Malwettbewerb ausschrieb, bei dem jeder seinen eigenen Beetle so gestalten konnte, wie es seine Phantasie erlaubte.

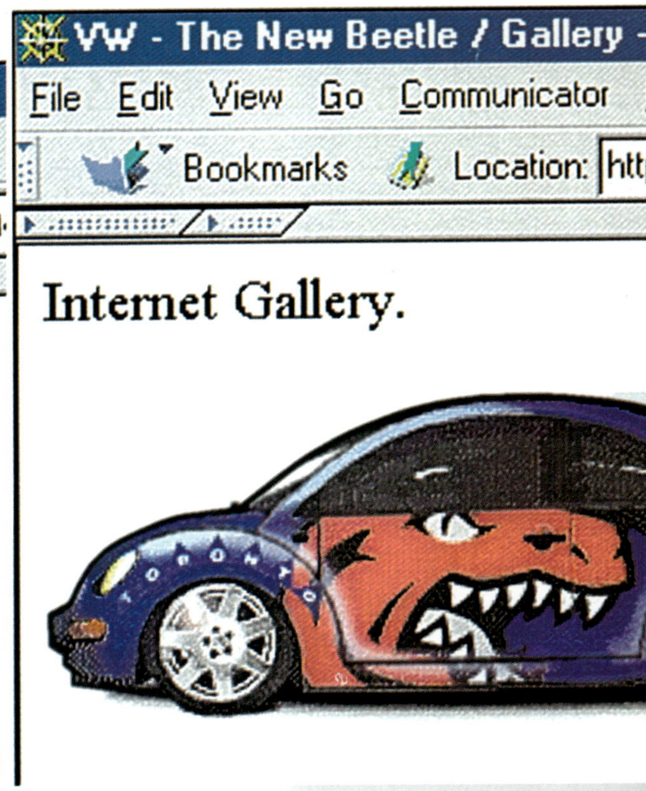

Die Internet Gallery, die seit dem Auftritt des Beetle im Internet im März 1996 bestand, erfreute sich bei den Beetle-Begeisterten so großer Beliebtheit, daß wöchentlich bis zu 50 Entwürfe von Usern hinzukamen.

Wagen zu gestalten. Als offizieller Fan konnte es dann schon passieren, daß man über E-Mail vom Beetle einen Geburtstagsgruß bekam. Der künstlerisch veranlagte Internet-User konnte sich einen weißen Beetle laden und am Computer selbst gestalten. Das beschränkte sich allerdings nicht nur auf die Farben und Muster, die der Beetle haben sollte, sondern sogar auf das Erscheinungsbild. Da der Kreativität hierbei keine Grenzen gesetzt waren, mutierte so mancher Beetle auch zum Ferrari-Verschnitt, zum auf riesigen Reifen anrollenden Monster-Truck oder zum lieblich dreinschauenden Käfer-Nachfolger im Marienkäfer-Look mit roter Karosse und schwarzen Punkten. Wie phantasievoll Beetle-Fans sein können, zeigten die etwa 50 Entwürfe, die jede Woche die Galerie erweiterten. Bis Ende des Jahres 1997 waren insgesamt mehr als 1000 Gestaltungsvorschläge am Computer gemalt worden.

Da selbst bei einem so vielfältigen Angebot doch immer noch Fragen, Anregungen und Ideen der Beetle-Getreuen offenblieben, richtete VW auch ein „Feedback"-Forum ein. Per E-Mail konnten alle Kommentare zum gemeinsamen Thema an die New-Beetle-Redaktion geschickt werden – was rasch auf große Gegenliebe stieß, denn über die Jahre gingen pro Woche durchschnittlich hundert E-Mails ein. Da aber auch von großem Interesse war, was seitens der Presse oder von Privatpersonen zum Beetle weltweit bemerkt und angemerkt wurde, bot die Rubrik „In the Public" eine Übersicht darüber.

Mit dem Beetle ins Internet zu gehen und dort seinen Auftritt auf dem automobilen Markt vorzubereiten, zeigte sich von Anfang an als kluge Überlegung der Wolfsburger. Denn schon nach kurzer Zeit konnten sich die Internet-Verantwortlichen bereits über eine rege Anteilnahme freuen. Mehr als acht Millionen Seitenabrufe waren bereits nach eineinhalb Jahren registriert worden.

Als der Beetle im Januar 1998 auf der North America International Auto Show in Detroit und später bei der Greater Los Angeles Auto Show nun endgültig der Öffentlichkeit präsentiert wurde, erweiterte man den Internet-Auftritt noch einmal. Während der Ausstellung berichteten zwei Redaktionen über Radio und Internet live von der Bühne in Detroit. Die Messebesucher hatten an eigens dafür installierten Terminals die Gelegenheit, sich während ihres Aufenthaltes im Internet zusätzlich zu informieren. Erstmals öffnete auch der New-Beetle-Merchandising-Shop seine Pforten im weltweiten Netz. Darin konnten Produkte rund um den Beetle via Internet gekauft werden.

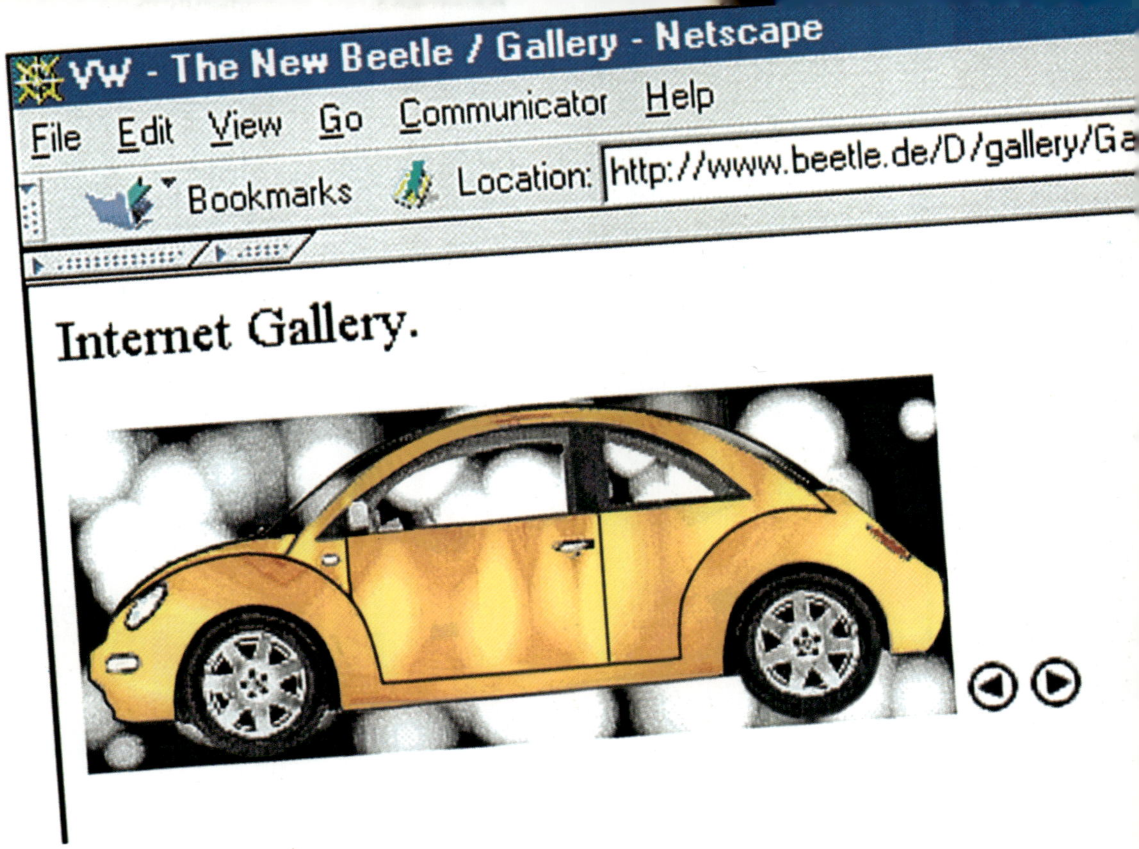

Aber auch die Bilder aus der Beetle-Galerie kamen bei den Automessen zu neuen Ehren. Da sie nicht nur den Internetbenutzern vorbehalten bleiben sollten, wurden alle Bilder ausgestellt und durch die Messebesucher und im Internet per Abstimmung prämiert.

Wer die Gelegenheit hatte, die amerikanischen Messen zu besuchen, konnte sich am Steuer eines New Beetle fotografieren lassen – das gemeinsame Foto durfte der Beetle-Fan selbstverständlich als Geschenk mitnehmen. Diese Fotos dienten wiederum zur Wahl des New-Beetle-Typ des Tages im Internet, wo alle Teilnehmer ihr persönliches Bild auch als Postkarte verschicken konnten.

Auch bei den E-Mails ließ sich Volkswagen noch einiges mehr einfallen. Die Aktion „Welcome the New Beetle" begann mit der Weltpremiere in Detroit. Dabei konnte die Fan-Gemeinde Glückwunschpost aus aller Welt schicken. Um zu demonstrieren, wie viele Menschen das schon waren, wurde für jede E-Mail ein leuchtender Punkt auf einer Weltkarte eingetragen. Und natürlich rentierte es sich auch hierbei, daran zu partizipieren, denn jeder Teilnehmer wurde mit einem kleinen Geschenk bedacht. Damit die Beetle-Fans aber nicht isoliert blieben, wurde eine Kontaktbörse ins Leben gerufen, die es über E-Mail-Adressenvermittlung möglich machte, die zahlreichen Beetle-Fans in geographischer Nähe auch persönlich kennenzulernen.

Das Engagement von VW für den Beetle im Internet bedeutete von Anfang an, den Kontakt mit den Interessierten dank eines modernen Mediums aufrechterhalten zu können. Schließlich mußte die Öffentlichkeit mehr als vier Jahre warten, bis der Wagen Realität wurde. Damit beschritt VW auch einen neuen Weg, den potentiellen Kunden an ein Produkt zu binden oder ihn zunächst einmal dafür zu interessieren. Für dieses Unterfangen war aber bisher in der Produktgeschichte von Volkswagen noch kein Modell so gut geeignet wie der Beetle.

Auch wenn Volkswagen schon seit vielen Jahren als Unternehmen im Internet vertreten ist, so konzentrierte sich noch kein Auftritt so stark auf ein einziges Fahrzeug, wie es beim Beetle der Fall war. Und auch das ist wieder ein Beweis mehr dafür, daß Volkswagen selbst dem New Beetle eine sehr große Bedeutung beimißt. Auch wenn der Beetle nie die Verkaufszahlen erreichen wird, die den Käfer legendär gemacht haben – so wird der Beetle dennoch in der Modellpalette der Wolfsburger auf jeden Fall für die kommenden Jahre einen festen Platz haben – eben genauso, wie er es geschafft hat, im Internet seinen Auftritt liebenswert, originell und auffallend zu gestalten.

WOB CW 210

WOB CW 210

Mit dem Aufritt des New Beetle im weltweiten Internet unterstrichen die Wolfsburger ihren Anspruch an das neueste Modell. Der Beetle sollte etwas Einmaliges werden, etwas, das es bis dahin in diesem Ausmaß im VW-Konzern noch nicht gegeben hatte: Ein Auto, das in Form und Design, in Technik und Sicherheit so einzigartig war, daß es auf den ersten Blick der Sympathie aller sicher sein konnte.

WOB CW 210

WOB CW 210

Der Ur-Ahn, der Amerika eroberte

Es war der 9. November 1949, als sich die ersten VW-Käfer auf den Weg über den großen Teich machten. Hinter dieser Aktion steckten die holländischen Brüder Pon, die bereits zwei Jahre zuvor mit dem Export der ersten 56 Limousinen in die Niederlande VW-Firmengeschichte geschrieben hatten. Daß die beiden Brüder mit dieser Initiative den Grundstein für eine automobile Liebe der besonderen Art legten, konnten sie an diesem nebligen Spätherbsttag allerdings nicht ahnen – denn noch konnten die Amerikaner mit diesem merkwürdigen Gefährt nichts anfangen.

Ihnen zur Seite stand Heinrich Nordhoff, der seit dem 1. Januar 1948 in Wolfsburg als Generaldirektor tätig war – und er hatte für die Amerikaner eine „Export"-Limousine entwickeln lassen, denn Nordhoff kannte den Geschmack der Amerikaner: Schließlich hatte er bereits vor dem Krieg im Auftrag seines damaligen Arbeitgebers General Motors die USA besucht. So unterschied sich das Exportmodell von dem natürlich weiterhin produzierten Standardmodell durch verchromte Stoßstangen, Radkappen, Lampenringe und Türarmaturen – und auch im Innenraum sorgte eine qualitativ bessere Ausstattung und Polsterung für einen Hauch von Luxus. Außerdem konnte man in einer entsprechend vorgesehenen Öffnung nun

Eine klassische Form, die über die Jahrzehnte hinweg ihren Charme behalten konnte – der VW Käfer sollte zum erfolgreichsten Fahrzeug in der Geschichte des Automobils werden.

Als die holländischen Brüder Pon am 9. November 1949 den ersten Käfer über den Atlantik schickten (Bild unten), ahnten sie nicht, daß sie dabei waren, ihren Beitrag zu einer Legende zu leisten.

nachträglich ein Radio oder eine Uhr montieren, ohne daß man (wie bis zu diesem Zeitpunkt nötig) in das Blecharmaturenbrett eine Öffnung sägen mußte. Zusammen mit der neuen Hochglanzlackierung machte das Exportmodell, das vom 1. Juli 1949 an zum Preis von 5 450 Mark bei den Händlern stand, deutlich mehr her.

Mit dieser Entscheidung für den Export hatte VW die Basis für den kometenhaften Aufstieg des Unternehmens gelegt – denn bei einer Beschränkung auf den nur schwachen und noch wenig finanzkräftigen deutschen Markt hätten sich die Wolfsburger niemals zu dem heutigen Weltkonzern entwickeln können. Die nächsten Jahre sollten im Zeichen eines nie erwarteten Aufschwungs stehen: 1950 kamen 90 038 Fahrzeuge zur Auslieferung, 1951 wurden 105 712 Fahrzeuge produziert (obwohl der Korea-Krieg für politische und wirtschaftliche Unsicherheit sorgte), 1952 waren es bereits 136 013, und 1953 konnten sogar schon 179 740 gebaute Modelle gemeldet werden – das waren Zuwachsraten, die bei 17,4 Prozent (1951), 28,7 Prozent (1952) und 32,1 Prozent (1953) lagen. Und die von Heinrich Nordhoff forcierten Exportzahlen stiegen parallel zu den Zulassungszahlen in der Bundesrepublik: 1951 wurden 35 712 Modelle exportiert, was einem Anteil von 33,8 Prozent vom Gesamtabsatz entsprach. Im Jahr darauf waren es bereits 46 881 Fahrzeuge (34,5 Prozent) – und 1953 gingen 39,2 Prozent des Gesamtabsatzes ins Ausland – immerhin 68 754 Modelle.

Damit lag die Automobilfabrik, die nach dem Willen ihrer Väter nie mit den Produkten der

„Gestern haben Sie noch von einem Volkswagen geträumt – heute ist er Realität geworden" – so warb Volkswagen rund um die Welt (hier in Frankreich) für den Käfer.

deutschen Automobilindustrie konkurrieren sollte, klar an der ersten Stelle der heimischen Produktion und der Exportzahlen. Und daß VW Ende 1953 bereits in 88 Länder exportierte, wurde im Geschäftsbericht besonders hervorgehoben – wie auch die Tatsache, daß man in den beiden Ländern Kanada (1952) und Brasilien (1953) Tochtergesellschaften gegründet hatte, die auf Anhieb schwarze Zahlen melden konnten. Und auch in Brasilien begann man mit einem kleinen Montagebetrieb, der sich im Laufe der Jahre zu einer der größten Automobilfabriken des südamerikanischen Kontinents ausweiten sollte.

Doch während sich der Käfer – zusammen mit seinem arbeitsamen Stiefbruder, dem VW-Transporter – dank seiner Anspruchslosigkeit rund um die Welt Millionen von Freunden eroberte, löste er in den USA ein ganz besonderes Fieber aus: die Beetlemania. Der Käfer wurde zum Kultobjekt, mit dem sich besonders die Bewohner der Westküste vom jungen Studenten und Surf-Fan über die pragmatische Hausfrau bis hin zum verträumten Professor identifizierten. Der Käfer war das absolute Kontrastprogramm zum großen Achtzylinder, zum Hot Rod oder zum Pick-up: Er sah so völlig anders und so knuddelig aus, er gab sich mit etwas Treibstoff und Öl und ohne teure Werkstattstunden zufrieden – und er bot eine völlig wertfreie Blechhülle, hinter der kein Außenstehender das Vermögen, den Beruf und die soziale Stellung einschätzen konnte. „Understatement – witzig verpackt", das war die Erfolgsdevise, die dem Krabbeltier rasch einen Kultstatus verpaßte.

Und so verkaufte sich der Käfer in den USA immer besser – die Amerikaner waren offensichtlich „Beetle"-süchtig geworden, und sie wären auch nie auf den Gedanken gekommen, dieses merkwürdige Gefährt als Konkurrenz zu den einheimischen Compact Cars zu sehen. Nicht weniger als 162 110 verkaufte Fahrzeuge konnte die „Volkswagen of America Inc." 1956 nach Wolfsburg melden – was, trotz der insgesamt stark rückläufigen Importzahlen, für VW eine Steigerung um 25,3 Prozent bedeutete.

Zu diesem beachtlichen Erfolg hatte die intelligente US-Politik der Wolfsburger entscheidend beigetragen. Nachdem sich etliche Händler, darunter Maxie Hoffmann und Arthur Stanton in New York, John von Neumann in Los Angeles, Hubert L. Brundage oder Peter Cook und Ekso Hekman in Michigan mehr oder weniger erfolgreich um den Verkauf der komischen Gefährte aus Deutschland gekümmert hatten, entwickelte sich langsam, aber sicher zwischen dem Käfer und den Amerikanern eine eigenartige Liebe.

Arthur C. Railton, der spätere Pressechef von Volkswagen of America, erinnert sich an diese harten Zeiten so: „Der große Durchbruch gelang auch nicht von heute auf morgen. Als Ben Pon seine erste Schiffsladung in New York entlud, interessierte sich kein Mensch für diese Autos. Kaum ein Händler fand sich, sie zu verkaufen. Auch Max Hoffmanns Bemühungen gediehen nicht weit. Als er innerhalb von drei Jahren nicht mehr als 2 000 Volkswagen an den Mann gebracht hatte, kündigte Nordhoff seinen Vertrag."

Darauf schickte Nordhoff zwei seiner besten Verkaufsstrategen in die USA – einer von ihnen verstand nicht einmal die Sprache des Landes: Gottfried Lange und W. van de Kamp, denen es dann endlich gelang, ein Verkaufsnetz aufzubauen. Arthur C. Railton: „Ihre Überzeugungskraft war beispielhaft. Und die Händler, die ihnen vertrauten, hatten ihren Einsatz nicht zu bereuen – denn im Laufe der nächsten Jahre verdienten sie ein unglaubliches Geld."

Und die Presse begann, auf den Beetle aufmerksam zu werden – so schrieb Leo Donovan im November 1955 in der Zeitschrift Popular Mechanics: „Es gibt einen kleinen und untermotorisierten Wagen, dessen Händler nicht ausreichend beliefert werden können, weil seine Verkaufszahlen so spektakulär sind. Und das läuft alles ohne kostenlose Reisen nach Paris, ohne geschenkte Fernsehapparate oder Lebensmittel und ohne Rabatte. Und ohne nennenswerte Werbung. Welcher Wagen so unglaublich ist? Es ist der kleine, käfergleiche Volkswagen. Seine Händler haben sogar Lieferzeiten für gebrauchte Modelle." Und das Car Facts Book von 1957 erklärte: „Der Volkswagen verkauft sich vor allem, weil er ein ehrlicher Wagen ist. Er gibt nicht vor, etwas zu sein, was er nicht ist. Da es ein ehrliches Stück Auto ist, kann der Besitzer stolz darauf sein. Wo immer er hinschaut, sieht er eine ehrliche Konstruktion und solide Handarbeit."

Kein Zweifel, der Käfer hatte angefangen, den großen amerikanischen Markt zu erobern – doch Volkswagen of America hatte noch ein anderes Problem: Der in Europa so erfolgreiche Transporter verkaufte sich schlecht, er lag weit unter den Planzahlen. Und als sich Anfang 1958 die Halden mit den Transportern stetig vergrößerten, stellten die Händler an Will W. van de Kamp, den damaligen Präsidenten von Volkswagen of America, eine ungewöhnliche Frage: „Wie sollen wir den Transporter verkaufen, wenn Sie keine Werbung für ihn machen?" Nun hatte Volkswagen bis dahin in den USA noch keine Anzeige geschaltet – doch van de Kamp ließ sich schließlich überreden und beauftragte eine New Yorker Agentur mit der Gestaltung von Anzeigen. Das Ergebnis überraschte den Präsidenten: Nachdem die Anzeigen in der ersten Jahreshälfte 1958 erschienen waren, lief der Verkauf deutlich besser an – und am Ende des Jahres hatte VW 11 500 Transporter mehr verkauft als im Jahr zuvor, was einem Anstieg von 78 Prozent innerhalb eines Jahres entsprach.

Zwar konnte – wie so oft bei Werbung – kein direkter Bezug zwischen den Anzeigen und dem bemerkenswerten Anstieg der Verkaufszahlen nachgewiesen werden, aber der Beweis des Gegenteils war ebenfalls unmöglich. Und so wundert

In den 50er Jahren wurde der Käfer rund um die Welt ein fester Bestandteil des Straßenbildes.

es nicht weiter, daß nach diesen Erfahrungen schließlich auch die professionelle Werbung bei Volkswagen Einzug hielt.

Im Dezember 1958 verließ Will W. van de Kamp seinen Posten als Chef von Volkswagen of America – und Heinrich Nordhoff setzte den 32jährigen Carl H. Hahn als dessen Nachfolger ein. Es war zweifellos eine mutige Entscheidung, an die Spitze der wichtigsten Auslandstochter einen jungen Mann zu setzen, der bis zu diesem Tag noch keinen einzigen Wagen verkauft hatte – doch Nordhoff hatte mit seinem entschlossenen Schritt eine gute Wahl getroffen. Obwohl Carl H. Hahn bis zu diesem Tag noch nicht im Verkauf gearbeitet hatte, war er doch eng mit dem Automobilgeschäft verbunden, schließlich war sein Vater bereits seit 1921 bei DKW in Zschopau tätig gewesen – später sollte er dann Vorstandsmitglied bei der Auto Union und einer der Gründungsväter der Auto Union in Ingolstadt werden. Carl Hahn sprach – im Gegensatz zu seinem Vorgänger van de Kamp – fließend Englisch und Französisch, und ziemlich gut Italienisch. Er war entscheidungsfreudig, neugierig auf die große Aufgabe und als intellektueller Theoretiker bestens präpariert, die Neue Welt zu erobern.

Und er veränderte Volkswagen of America von seinem Amtsantritt im Januar 1959 an deutlich: Die Händler bekamen ein einheitliches Erscheinungsbild, einheitliche Ausbildungsprogramme – und vor allem: Hahn machte sich daran, das Bild des niedlichen, kleinen Underdogs „Käfer" mit neuen Werbekampagnen zu zementieren. Für diese Entscheidung sorgte das Wissen um die bereits erwähnte Compact Car-Offensive, mit der die amerikanischen Hersteller VW und den anderen Importeuren die Marktanteile abnehmen wollten. Ed Cole, damals Generaldirektor von Chevrolet – wo 1960 der „Corvair" auf die Importwagen losgelassen werden sollte – prophezeite im Sommer 1959: „Volkswagen ist in den USA in zwei Jahren pleite." Kein Wunder, daß sich Hahn etwas einfallen lassen mußte, um seinen Beetle im Gespräch zu halten – und er startete eine brillante Werbekampagne, obwohl sich die Fahrzeuge zu diesem Zeitpunkt noch schneller verkaufen ließen, als sie die Transporter über den Atlantik schaffen konnten.

Ein New Yorker Großhändler hatte den Weg gewiesen – er hatte im Frühjahr 1959 in der New York Times eine ganzseitige Anzeige geschaltet, in der er mit dem Photo einer klinisch reinen, makellos aufgeräumten Werkstatt für die Eröffnung seiner neuen Niederlassung warb. Im Vordergrund des Bildes saß ein offensichtlich relaxter Kunde auf einem Sessel und trank einen Kaffee, während er der Wartung seines Käfers zusah. Die Anzeige erregte aus mehreren Gründen Aufsehen: Erstens hatte bis dahin noch nie ein Autohändler eine ganzseitige Anzeige in diesem Prestigeblatt geschaltet, zweitens kannten die Leser der Times ihre Werkstätten zumeist nur als Hinterhofgaragen, aus denen sie so rasch wie möglich flüchteten, drittens wurde nicht für den Kauf eines Autos geworben, sondern nur für den Kundendienst – und viertens reduzierte sich diese Botschaft auf nur sechs Zeilen, in denen auf den schnellen und preisgünstigen Service hingewiesen wurde, durch den sich VW so angenehm von der Konkurrenz unterscheide.

Hinter dieser Anzeige stand die Agentur „Doyle, Dane, Bernbach, Inc." – kurz „DDB" genannt. Carl H. Hahn erwählte DDB, nachdem er sich noch ein paar andere Agenturen angesehen hatte, zu seiner Hausagentur – es sollte eine der glücklichsten und kreativsten Verbindungen in der Werbebranche werden. Im Laufe der nächsten Jahrzehnte folgte ein Werbeklassiker dem anderen: „Warum kaufen Leute Volkswagen schneller, als man sie bauen kann?" – „Ein Volkswagen braucht nur zum Waschen Wasser" – „Denke klein" – „Es gibt Formen, die man nicht verbessern kann" – und der absolute Klassiker: „Der VW läuft, ...und läuft, ...und läuft."

DDB scheute sich aber auch nicht, aktuelle Ereignisse aufzugreifen – so erschien einen Tag nach der Mondlandung 1969 eine Anzeige mit der Abbildung des Mondlandegefährts mit der Schlagzeile: „It's ugly, but it gets you there." Jeder Eingeweihte wußte natürlich sofort, daß mit der Überschrift „Es ist zwar häßlich, aber es bringt Sie überall dorthin, wo Sie es wünschen" eigentlich nur der Beetle gemeint sein konnte. Und das nur ein Jahr, nachdem der Beetle mit 399 674 verkauften Exemplaren in den USA sein absolutes Rekordjahr feiern konnte.

Ob Werbung den Erfolg wirklich beeinflußt, bleibt eine der nie zu klärenden Fragen – und wie viele Kaufverträge die Millionen, die VW seit dem Jahr 1959 für Werbung ausgegeben hat, brachten, wird ebenfalls nie bekannt werden. Parallel zu dieser Diskussion haben die brillanten Kampagnen aber entscheidend dazu beigetragen, daß Millionen von Menschen VW zur Kenntnis nahmen, indem sie die Anzeigen lasen. Außerdem halfen die Kampagnen auch dem Selbstbewußtsein der oft bespöttelten Käfer-Besitzer, denn die Anzeigen vermittelten Glaubwürdigkeit und sie waren witzig – und das war eine Eigenschaft, die man den Deutschen nun wirklich nicht zugetraut hatte.

Diese Form der Ironie wurde auch im Hause selbst gut gepflegt – Arthur R. Railton, der bereits erwähnte Public-Relations-Manager, sagte 1960: „Der Käfer ist ein rollender Anachronismus. Experten meinten, der Käfer sei viel zu primitiv für Amerika. Zu einer Zeit, als Detroit mit schweren Schlachtschiffen aufwartete, mit zentnerschwerem Chromschmuck, Heckflossen und riesigen Achtzylindermotoren, gaben sie dem deutschen Kleinwagen nicht die geringste Chance. Dennoch gedieh der Beetle – untermotorisiert und unansehnlich – in den USA zu einem Phänomen." Und der amerikanische Automobilhistoriker Griffith Borgeson schrieb über das merkwürdige Geschöpf: „Der Käfer war ein Antiauto. Er hatte Trittbretter, von denen sich die Amerikaner schon vor Jahrzehnten verabschiedet hatten; er war laut, als andere Autos nur mehr flüsterten, er hatte keine Kraftstoffuhr, keine vernünftige Heizung, keine brauchbaren Scheibenwischer. Sein Kofferraum war minimal, die Zahl seiner Pferdestärken ein Witz – für US-Verhältnisse."

WORLD FAMOUS
STRETCHIN' YOUR IMAGINATION
PQ3582

53

DER BUG HOUSE

Es hat Spaß gemacht.
Haben Sie so was Verrücktes schon mal gesehen? – Bestimmt haben Sie.
Presse, Film oder Fernsehen waren ja stets zur Stelle, wenn's wieder Skurriles zu vermelden gab: vom Käfer und seinen Kapriolen.
Egal, ob er als Walt Disneys Filmstar namens „Herbie" über die Leinwand flippte. Ob er sich als Weltrekordler ins Guinness-Buch der Rekorde ächzte (111 kanadische Schüler machten sich's in einem Käfer ungemütlich). Ob man an ihm herumpinselte, was die Farben hielten. Oder ob man an ihm herumbaute und tat und machte.
Die Leute hatten einfach Spaß an der Freud'. 50 Jahre lang, in denen der Käfer fast 21millionenmal verkauft wurde.
Jetzt gibt's die letzten 2.400 Käfer. Super ausgestattet. Sie werden Spaß haben.
Wie's weitergeht? Mit dem Golf natürlich, dem meistgekauften Auto der Nation. Denn mit dem haben wir auch schon wieder mehr als 7 Millionen Autofahrern viel Freude gemacht.
Da weiß man, was man hat.

Man fing an, über den Käfer zu sprechen, man nahm ihn ernst, andererseits machte er aber auch Spaß – und dies war für die Öffentlichkeit eine völlig neue Erfahrung. Und noch etwas war neu: VW und DDB hatten erkannt, daß man Autos nur bedingt über Anzeigen verkaufen konnte – die meisten Amerikaner wollten informiert und unterhalten werden, und diesen Ton hatte man perfekt getroffen. Kein Wunder, daß die Aussage des GM-Generaldirektors Ed Cole über das rasche Ende von VW in den USA nie in Erfüllung gehen sollte.

Werbung alleine genügt natürlich nicht – so war es den Wolfsburgern klar, daß man auch weiterhin auf die stetige Perfektionierung des Käfers setzen mußte. Kein Wunder, daß er sich so langsam, aber sicher zu einem klassenlosen Klassiker entwickelte, in dem sich jeder vom Multimillionär bis zur Hausfrau sehen lassen konnte. Der Geschäftsbericht 1960 bemerkt dazu lapidar: „In der Bundesrepublik, in der ebenso wie in Italien noch ein aufnahmefähiger Markt besteht, wurden mit wachsender Kaufkraft höhere Ansprüche an Qualität und Leistung der Fahrzeuge gestellt. Mit dieser Entwicklung vollzog sich auch im Automobilgeschäft der Übergang vom Verkäufer- zum Käufermarkt."

Ein Käufermarkt, der in den USA allerdings nicht so ausgeprägt war – dort standen die Käufer noch immer Schlange, um den verrückten Käfer in die eigene Garage überführen zu können – eine Entwicklung, die immer wieder den Mut von Heinrich Nordhoff bestätigte, dieses unmögliche Gefährt von 1948 an in alle Welt zu exportieren. In Länder, in denen die Ressentiments gegen deutsche Produkte unüberwindbar schienen – und ausgerechnet auch in die USA, in denen alles, was weniger als acht Zylinder und weniger als fünf Meter Länge hatte, als Spielzeug angesehen wurde!

Zu der nahezu verrückten Zuneigung zu dem Krabbeltier trugen auch unzählige Privatinitiativen von Besitzern bei, die ihn mit den ausgefallensten Wettbewerben – Wie viele Menschen passen in einen Käfer? Oder: Kann man mit einem schwimmfähigen Käfer die Meerenge von Messina überwinden? – in die Schlagzeilen rund um den Globus beförderten. Der berühmteste Vertreter dieses Genres war jedoch zweifellos „Herbie", jener von den Walt-Disney-Studios mit menschlichen Zügen ausgestattete Käfer, der als kongenialer Partner seines Besitzers bei Autorennen gegen große US-Schlitten gewann und nebenbei noch ein paar Schurken ihrem gerechten Schicksal zuführte, nicht ohne auch eine Liebesgeschichte zu einem guten Ende zu führen. Herbie war die zum edlen Ritter gewordene Maschine mit Herz und Seele – auch dies eine Rolle, die nur der Beetle glaubwürdig vor Millionen von Zuschauern spielen konnte.

Egal ob sich 37 Studenten in einen Käfer drängten, ob Herbie die spannendsten Abenteuer bestehen mußte oder ein Besitzer sein Gefährt in eine Almhütte zu verwandeln versuchte – der VW Käfer machte jeden Scherz mit, und er kehrte aus jeder Schlacht als Sieger zurück.

Als den Wolfsburgern langsam klar wurde, daß sich die VW AG in eine zu große Abhängigkeit vom Käfer gebracht hatte – und die ersten Überlegungen für ein völlig neues Modell gestartet wurden –, verkaufte er sich noch immer erstaunlich gut. So konnte der neue Vorstandsvorsitzende Rudolf Leiding auch am 17. Februar 1972 als eine seiner ersten Amtshandlungen den Weltmeister-Käfer feiern. An diesem Tag wurde der 15 007 034ste

Und wer es in seiner Käfer-Hütte noch etwas gemütlicher haben wollte, konnte zwischen 1949 und 1951 sein Exportmodell mit den bequemen Armrollen bestellen.

Vertreter seiner Gattung montiert, und damit hatten die Wolfsburger den Produktionsrekord des Ford-T-Modells überholt. Ein Rekord, der wohl von keinem anderen Fahrzeug mehr gebrochen werden dürfte.

Im Mai 1974 erfolgte dann die Markteinführung des Golf – der Geschäftsbericht dieses Jahres beschrieb den einschneidenden Moment folgendermaßen: „Eine besonders tiefgreifende Umstrukturierung erlebte das Werk Wolfsburg, in dem die Produktion des Käfers am 1. Juli 1974 eingestellt wurde. Exakt 11 916 519 Wagen dieses Typs wurden insgesamt in Wolfsburg gebaut. Nachdem hier 1973 der Passat als Vorläufer der neuen Modellgeneration angelaufen war, mußten im Berichtsjahr die Voraussetzungen für die Fertigung des Golf und des Audi 50 geschaffen werden, ohne die Lieferbereitschaft der bereits im Produktionsprogramm befindlichen Typen zu beeinträchtigen. Dazu mußte in erster Linie die Produktion des Käfers verlagert werden." Ausgewählt wurden dafür die Werke Hannover und Emden (wo am 4. Oktober 1974 die Produktion des 18millionsten Käfers gefeiert wurde), in denen das klassische Symbol des deutschen Wirtschaftswunders einstweilen weiter produziert werden durfte.

Und der Käfer verschwand langsam – überlagert von dem phänomenalen Erfolg des neuen Golf – aus der Erinnerung seiner Liebhaber, die ihn zwar noch verklärt, aber immer realistischer als ein hinreißendes Relikt der Vergangenheit sahen und in ihren Garagen für die erholsamen Ausflugsfahrten am Wochenende sammelten und konservierten. Dies wurde im Herbst 1979 besonders klar, als Karmann für den 10. Januar 1980 das Ende der Käfer-Cabrio-Produktion ankündigte. Um die letzten Exemplare rissen sich die Sammler – das letzte der 331 847 Cabrios wanderte jedoch ins VW-Museum. Irgendwie war allen am Käfer interessierten Deutschen klar, daß die Zeit dieses Wagens eines Tages zu Ende gehen mußte – mittlerweile zum meistverkauften Fahrzeug aller Zeiten avanciert, hatte sich die geniale Konstruktion aus den 30er

Jahren überholt. Natürlich gab es noch immer Interessenten für den Wagen, doch Volkswagen benötigte seine deutschen Produktionsplätze dringend für die anderen Modelle – und so lief am 19. Januar 1978 in Emden der letzte in Deutschland produzierte Käfer vom Band. Die dazugehörige Feier gab allen Beteiligten die Gelegenheit, die Bedeutung dieses Wagens ausführlich zu würdigen – wer sich, dieses Datum vor Augen, überlegt hatte, doch noch einen Käfer zu erwerben, konnte allerdings getröstet werden: Die Produktion lief in Mexiko weiter – wo sie bis heute noch existiert, wobei vielleicht noch erwähnt werden sollte, daß der Käfer insgesamt in 19 verschiedenen Ländern vom Band lief. Wer aber in Deutschland noch einen Käfer offiziell über die Händler beziehen wollte, hatte nur noch bis 1985 Zeit dafür – dann brach ihm der fehlende Katalysator endgültig das Genick.

Und wo sie heute mit der Produktion des New Beetle einen nahezu logischen Anschluß findet – auch wenn der alte Beetle mit dem New Beetle technisch nichts mehr gemeinsam hat, so verbirgt sich hinter der ähnlichen Form doch ein gemeinsamer Grundgedanke: Autofahren kann Spaß machen – vor allem, wenn einen die Frontpartie schon so freundlich anlächelt.

Mode war seit jeher ein Begleiter der Autowerbung gewesen – und so erfreuen uns die Damen in den feschen Kleidern natürlich auch in der Käfer-Werbung.

999
It's
What's
Next
The New Seville STS
Cadillac
TRI-STATESMEN
BUD
LIGHT
WNBA
PEEP
LAND
LIVE
NUDE
GIRLS
VIDEO
25¢
BOOTHS
FOLLIES
WOODWIND
SMILER'S
GIFTS
POLICE

New Beetle in New York

Es bedarf wohl einer großen Stadt und eines tobenden Verkehrs, um zu erkennen, warum der New Beetle ein so völlig anderes Auto ist – weil er die Vergangenheit in die Gegenwart gerettet hat, ohne wie ein Spielzeug aus alten Tagen zu wirken.

Was hat man nicht schon alles über die Millionenmetropole New York gehört? Beispielsweise: Dort leben unfreundliche Zeitgenossen, stets auf der Jagd nach dem großen Geld, ohne Benehmen, rücksichtslos und stets kurzangebunden. Die Taxifahrer kennen sich nicht aus – der Job war seit jeher nur eine Durchgangsstation für Einwanderer, die sich (sobald sie der englischen Sprache einigermaßen mächtig geworden waren) sowieso in andere Landesteile absetzen. Und der normale Citizen führt sowieso nur ein bedauernswertes Leben zwischen überfüllter U-Bahn und überteuertem Vorort, in dem sich Frau und Kinder gleichermaßen langweilen.

Eine Einstellung, die die großen Romanciers der amerikanischen Literatur oft genug beschrieben haben – und die ihnen derart viel Geld brachte, daß sie sich in die besseren (und teureren) Stadtteile absetzen konnten, wenn es nicht bei einigen sogar für ein Leben im wärmeren Florida reichte.

Und dann tauchte im Sommer 1998 ein Automobil in dieser Stadt auf – und plötzlich war alles ganz anders: Der New Beetle rang selbst dem hipsten Rapper ein cooles Lächeln ab, und man soll sogar Polizisten gesehen haben, die einen New Beetle wohlwollend betrachteten und darüber vergaßen, das unvermeidliche Ticket für das Falschparken auszuschreiben.

Es schien so, als ob sich plötzlich ein mildes Lächeln über die große Stadt gelegt hatte – ein

Endlich wieder heimgekehrt – in das Hot-Pizza-Land im Coca-Cola-See.

Lächeln, das von der Fronthaube direkt auf die Gesichtsmuskulatur der Betrachter übergriff. Und bei den Älteren erwachten wieder Erinnerungen, die sich vom Monterey Pop Festival und der brennenden Gitarre von Jimi Hendrix über das Surf-Fieber an den Küsten Kaliforniens bis hin zu Herbie, jenem unzerstörbaren Underdog auf vier Rädern, erstreckten – Erinnerungen, die die Gefühle und die Musik der Jugend wieder auferwecken und gute Laune herbeizaubern.

Doch die Fahrt in einem New Beetle quer durch den Big Apple offeriert auch andere Erkenntnisse: Die Bewohner der Millionenmetropole können sich – auch wenn sie noch so cool sind – durchaus für ein Automobil interessieren und begeistern. Grundbedingung dabei: Dieses Gefährt hat über Vibrations zu verfügen – und diese Good Vibrations sind nicht über den Geldbeutel zu ergattern. Sie können in kleinen und in großen Dingen stecken, sie sind dem jeweiligen Objekt der Verehrung einfach durch das gewisse Etwas mit auf den Weg gegeben worden. Und wenn man sich die Reaktion der lachenden und gutgelaunten Menschen betrachtet, hat der New Beetle offensichtlich dieses gewisse Etwas.

Natürlich hat sich der New Beetle den neuen Zeiten anpassen müssen – so verfügt er heute beispielsweise über ein wassergekühltes Triebwerk.

Italian SAUSAGE
HEROS
ITALIAN
SAUSAGE HEROS
SAUSAGE
HEROS
BEER

OTEL

Man muß schon ein junger Vater sein, um nicht der Versuchung zu erliegen, sich nur um den New Beetle zu kümmern.

Vibrations sind – wie es beispielsweise die New York Times im Januar 1998 schrieb – ungefähr so einzuordnen: „Pepsi has a new can. Microsoft is updating Windows – and Volkswagen is bringing back the Beetle." Und als Ergänzung zu der Erkenntnis, daß Pepsi nun über neue Getränkedosen und Microsoft über ein neues Betriebssystem verfügten, ergänzte das Blatt: „Volkswagen setzt voll auf einen Wagen, der mit der Sehnsucht nach Nostalgie seiner Kunden spielt. Die Deutschen haben den Beetle wieder zum Leben erweckt – und obwohl er grundlegend überholt und verbessert wurde, hat er dieses ganz bestimmte Retro-Feeling, bei dem die Baby-Boomer an die Zeiten erinnert werden, in denen sie ins College gingen und eine gute Zeit hatten."

Und ein weiterer Punkt, warum der New Beetle so cool ist: Er läuft völlig außerhalb jeglicher Konkurrenz. Er gibt sich – so wie der millionenfach verkaufte Vorfahr – als absolutes Kontrastprogramm zu dem automobilen Angebot aus aller Welt. Er bietet die Show eines Ferrari oder einer Corvette, er verfügt über die bewährte Alltagstauglichkeit des Golf, er kann mit dem Wieder-

BURGER KING
OFF DUTY
MACK
Ford

Zwei coole Methoden, um durch New York zu fahren: erstens Fahrradfahren, zweitens Beetlefahren.

Noch sind die Momente rar, in denen zwei rote New Beetle an einem Fleck zu sehen sind – um in New York Aufsehen zu erregen, genügt derzeit durchaus ein Exemplar. Schließlich ist dieser Wagen zur Zeit das coolste Gefährt der Stadt.

verkaufswert eines Mercedes dienen, und er verbirgt hinter der extrovertierten Form eine introvertierte Anonymität, die auf den sozialen Status seines Besitzers oder seiner Besitzerin keinerlei Rückschlüsse zuläßt. Vom Spät-Hippie über den erfolgreichen Börsenmakler bis hin zum Multimillionär – in einem New Beetle sind alle Menschen Brüder (und Schwestern).

Die Detroit News schrieb über das runderneuerte Krabbeltier: „VW glaubt, daß mit dem neuen Beetle auch wieder eine alte Liebe aufflammt." Eine Vermutung, die sich deswegen in Windeseile bestätigte, weil die Amerikaner an den alten Beetle nur gute Erinnerungen hatten – bei der Premiere in Detroit bewegte viele das Gefühl, wieder einem alten, lange vermißten Freund zu begegnen. Einem Freund, von dem die Journalisten schon 40 Jahre zuvor geschwärmt hatten: „Das ist ein ehrliches Stück Auto, auf das der Besitzer stolz sein kann."

„The front end can only be called a smiley face", erklärte ein sonst eher mißmutig schauender Cop, „that's why I like it". Der Beetle lächelt freundlich in die Welt – und die Menschen wissen dieses freundliche Lächeln zu schätzen, vielleicht ist dies ja ein weiterer Mosaikstein bei der Lösung der Frage, warum dieser Wagen eine neue Love-Affair mit dem Käfer ausgelöst hat.

Eine Love-Affair, die zudem noch mit einer preisgekrönten Werbekampagne untermauert wird, in der die freundlich stimmende Form, mit kleinen Selbstverständlichkeiten garniert, für Schmunzeln sorgt. „0 – 60? Yes!" Solche Sprüche liebt man in

CHICKEN
CHEESE STEAK
SHISH KEBAB SOUVLAKI
HALAL FOOD
•CHICKEN SANDWICH •BEEF STEAK
•SHISH KEBAB •BEEF SAUSAGE
•KOFTA KEBAB •GYRO SANDWICH
ABOVE ALL ITEMS COMES WITH RICE & SALAD
VEGETARIAN
MEAT FOOD SANDWICHES
CHICKEN KEBAB
KOFTA KEBAB
GYRO SANDWICH
BEEF SAUSAGE
MEAT FOOD SANDWICHES
CHICKEN KEBAB
KOFTA KEBAB
GYRO SANDWICH
RADIO CITY

INTERBANK
SUPER CRISP,
SUPER CLEAR.
NYPD

Ultimate
Self Serve
CALIFORNIA
11976

den USA, die werden direkt in den Alltagswortschatz übernommen. Und schon ist der nächste Mosaikstein gelegt – der Weg zum Mythos scheint wohl unvermeidlich.

Es gibt nicht allzu viele Städte, in denen die Trends geprägt werden, die anschließend die gesamte Welt umrunden – und New York gehört zweifellos zur Spitzengruppe. Wer miterlebt hat, wie der New Beetle in diesem Schmelztiegel für Furore sorgt, braucht sich um die Zukunft dieses Wagens keine Sorgen mehr zu machen. Wir dürfen gespannt sein, wann ein Exemplar in der Design-Abteilung des Museums of Modern Art auftaucht.

„Vom Winde verweht" – das ist nicht nur der Name eines unsterblichen Films, sondern auch ein Symbol dafür, daß Dinge unsterblich werden können, wenn die Zutaten stimmen.

Und so, wie ein chrombeladenes Motorrad seinen Platz in der Geschichte amerikanischer Mythen besitzt, so gehört auch der Beetle zu den Gegenständen des Alltags, die sich aus den Niederungen des reinen Nutzobjekts erhoben haben. Und da macht es auch nichts mehr aus, ob es ein Old oder ein New Beetle ist.

Die Accessoires

Als der New Beetle das Licht der automobilen Welt erblickt hatte, war er nicht nur einmalig, was sein Erscheinungsbild, sondern auch was die Reaktion auf ihn betraf. Die Öffentlichkeit war schon nach der Präsentation des Concept 1 im Jahre 1994 bei der Detroit Motor Show so aus dem Häuschen, daß schnell zu erkennen war, dieses Auto, sollte es jemals in Serienproduktion gehen, wird von Anfang an ein Kultobjekt für seine Fans und Freunde werden. Als die Entscheidung zum Bau des Beetle gefallen war, zeigte sich bald, daß die Liebhaber dieses Wagens mit großer Ungeduld auf ihr zukünftiges Auto warteten. Schon nach kurzer Zeit konnten sich die Beetle-Fans im Internet mit ihrem Auto beschäftigen – sie konnten sich über die neuesten technischen Entwicklungen informieren, ihren Beetle selbst kreativ gestalten und die Reaktion der Öffentlichkeit nachlesen.

Da der New Beetle-Fan, ob Frau oder Mann, ein Mensch ist, der sich nicht nur bei seinem Auto für Design interessiert, sondern auch sonst einen Hang zu schönen Dingen hat, wuchs bei Volkswagen eine Idee heran, die den Beetle einmal mehr zu etwas Besonderem in der gesamten VW-Palette machen sollte: Für den Beetle sollte eine Accessiore-Kollektion entstehen, wie sie es noch für kein Auto aus Wolfsburg gegeben hatte. Zwar war der Großvater des Beetle, der Käfer, schon millionenfach auf allen nur erdenklichen Gegenständen abgebildet oder seine Form entliehen worden, doch war das Sortiment, das VW selbst vertrieb, eher klein und umfaßte mehr die einfachen, schmückenden Dinge.

Zudem wußte man bei VW auch, daß sich zahlreiche Hersteller von schmückenden Kleinigkeiten mit Begeisterung auf ein Objekt wie den New Beetle stürzen würden. Schließlich waren die Wolfsburger schon jahrzehntelang gewohnt, daß die markante und einprägsame Form des Käfer alle möglichen Blüten hervorgebracht hatte. Waren viele Dinge wie Uhren, Krawatten, Modellautos und Stifte noch Gegenstände, die nicht nur den Geschmack trafen, sondern auch die Erinnerung an den Käfer, als er in Europa schon lange nicht mehr produziert wurde, noch aufrechterhielten. Zudem vermittelten sie auch weiterhin sein Image vom robusten, unverwüstlichen Volkswagen – auch den Generationen, die ihn nicht mehr selbst fahren sollten. Natürlich blieb es aber auch nicht aus, daß der Käfer weniger geschmackvolle Dinge zieren mußte – ein Schicksal, das der Käfer mit vielen anderen Kultobjekten zu teilen hatte.

Für den New Beetle sollte deshalb auch eine Kollektion entstehen, die vom Image her gut zu ihm passen würde:

Schließlich zeichnet den Beetle nicht nur eine geniale Designsprache bei Exterieur und Interieur aus, sondern der Anspruch an seine Qualität ist bei VW sehr hoch. Entscheidend mit dazu beigetragen hat nicht nur Chef-Designer Hartmut Warkuß, sondern selbstverständlich auch Konzernchef Ferdinand Piëch, der die Entscheidung zur Serienfertigung des Beetle traf und dem hohen Qualitätsanspruch größte Priorität gab. Zudem rechneten die Wolfsburger damit, daß die Besitzer des New Beetle sich auch in ihrer Freizeit mit ihrem Auto identifizieren wollten und somit mit Begeisterung Accessoires tragen und verwenden würden, die sie, auch wenn sie nicht in ihren Wagen säßen, als Beetle-Fahrerin und Beetle-Fahrer kenntlich machen.

Und wie Designer eben so sind, entstand schon sehr früh eine Art kleiner Katalog, der zwar noch sehr einfach gemacht war, aber schon die Richtung anzeigte, in die das Design-Team rund um Hartmut Warkuß gehen wollte – schon damals trugen alle Accessoires das genial einfache Beetle-Logo. Dieses Symbol war bereits für die Studie Concept 1 entstanden, die in den Design-Studios im kalifornischen Simi Valley entwickelt worden war. Als der gelbe Concept 1 im Januar 1994 bei der Detroit Motor Show der Weltöffentlichkeit vorgestellt wurde und für Furore sorgte, zierte das Logo in Schwarz bereits nicht nur die gelbe Pressemappe für die Journalisten. Seit diesem Auftritt versinnbildlicht dieses Emblem den Beetle. Die drei Halbkreise symbolisieren auf minimalisti-

sche und dadurch überaus einprägsame Weise die Form des Beetle: Der mittlere Halbkreis steht für die Kuppelform der Karosserie, und die beiden links und rechts angeordneten kleineren Halbkreise zeigen die Radhäuser.

Aus dem kleinen Katalog mit noch wenigen Accessoires wurde bald die Idee, für den Beetle eine umfangreiche und vielseitige Kollektion zu entwickeln, denn schließlich steckte in diesen kleinen Alltagsdingen ein großes Potential, die Design-Aussage des New Beetle noch einmal zu vertiefen. Die positive Emotionalität, die der Beetle bei den Interessierten auslöste, sollte auch für die komplette Kollektion gelten. Der Anspruch an die schönen Dinge war von Anfang an klar: Sie mußten hochwertig sein und ein breites Spektrum an Einsatzmöglichkeiten abdecken, und das Design sollte ausschließlich vom VW-eigenen Design-Team rund um Hartmut Warkuß entstehen. „Für uns war es eine Selbstverständlichkeit, daß jedes Produkt, das zur New Beetle-Kollektion gehören sollte, durch unsere Hände ging," erinnert sich VW-Designer Klaus Bischoff.

Wie umfangreich die Beetle-Kollektion ist, zeigt ein knapp 100 Seiten umfassender Katalog, der von der Europaeinführung des New Beetle an bei den VW-Händlern liegt. Nach und nach sollten die größeren VW-Betriebe auch mit sogenannten Shop-Systemen in ihren Räumen einen eigenen Bereich betreiben, in dem der Kunde aus den zahlreichen Accessoires wählen kann. Da VW mit dem Beetle auch schon den Auftritt im Internet erfolgreich vollzogen hat, können ausgewählte Artikel aber auch über das weltweite Netz abgerufen werden – einer Bestellung außerhalb der Geschäftszeiten soll somit nichts mehr im Wege stehen.

Schon zur Markteinführung war die Palette an Nützlichem und Schönem sehr groß. Neben schmückenden Dingen wie Seidentüchern,

Krawatten und passenden Krawattennadeln, bietet die Einführungskollektion auch viel Praktisches. So können eine kleine oder eine große Taschenlampe – wenn es nötig wird – Licht ins Dunkel bringen, Kugelschreiber oder Druckbleistift Wichtiges notieren oder das Feuerzeug für den richtigen Funken sorgen.

Aber auch in der Freizeit soll der New Beetle-Fahrer mit seiner Kleidung symbolisieren, daß sein Wagen mehr als ein Transportmittel ist. Außer einem Wollschal findet der Beetle-Käufer in der Kollektion auch eine passende Mütze und Handschuhe. Gegen zu starke Sonneneinstrahlung kann sich der Lenker eines Beetle mit einer Sonnenbrille schützen, die unter dem Namen „New Beetle Sun Wear" nicht nur über VW-Händler, sondern auch über den Optik-Fachhandel vertrieben wird.

Wie umfangreich die Kollektion rund um den Beetle auch sein mag, eines gilt für alle Produkte, die das Beetle-Symbol tragen: Sie werden weltweit vertrieben – und es werden immer wieder neue Artikel dazukommen. „Dem Ideenreichtum sind praktisch keine Grenzen gesetzt", versichert Klaus Bischoff. Das zeigt sich auch bei der Uhrenkollektion, die ein breites Spektrum an Kunden an sich ziehen wird. Schließlich reicht sie von der preisgünstigen Kunststoffuhr über einen Chronographen bis zu den Modellen „One Timer" und „Two Timer". Diese besonders aufwendig entwickelten Uhren verfügen über kleine Uhrwerke. Die rechteckigen Gehäuse werden jedes einzeln 20 Minuten lang gefräst, bis sie die Form

haben, die wieder dem Beetle-Logo entlehnt ist: In der Fläche ist das Gehäuse gebogen.

Aber auch bei vielen der anderen Accessoires wiederholen sich die geometrischen Formen, die den Beetle ausmachen: Bogen und Quadrat. Das unterstreicht einmal mehr den Anspruch, den VW an die Kollektion hat: Sie soll die gleichen hochwertigen Qualitätsanforderungen erfüllen, wie sie beim New Beetle angelegt worden sind. So wurde auch schon für die erste – noch kleine – Kollektion ein so hoher Betrag investiert, daß die Designer aus dem vollen schöpfen konnten.

Wie umfangreich die New Beetle Collection bei der Europapräsentation des New Beetle auch sein mag, solange Volkswagen den Beetle in der Modellpalette behält, solange werden auch neue Accessoires entstehen, die dem Kunden noch mehr Möglichkeiten geben, sich mit seinem Automobil – und dadurch mit der Marke VW – zu identifizieren. Einen ganz wichtigen Anteil werden dabei die Gegenstände haben, die nicht nur das Beetle-Logo führen, sondern die Form des Beetle aufnehmen. Das werden nicht nur herkömmliche Modellautos sein, die aus Kunststoff oder Metall

Regale und Vitrinen zieren werden, sondern auch ein kleines, ferngesteuertes Modellauto. Der aufwendig gefertigte Mini-Beetle wird mit einer Höchstgeschwindigkeit von bis zu 50 Stundenkilometern zahlreiche Gärten, Fußwege und andere geeignete Strecken erobern. Und dann haben auch die Kinder die Möglichkeit, ihren eigenen Beetle zu lenken. Der jüngste Nachwuchs wird einen aus Kunststoff gefertigten Boby-Car mit Anhänger sowieso schon im Kinderzimmer stehen haben.

Sammlerstücke werden sicherlich auch die Pins werden. Von der schlichten Anstecknadel aus Messing, die das Beetle-Logo zeigt, über die mit farbigem Email gefertigten Pins bis hin zur aus Sterling-Silber gearbeiteten dreidimensionalen Anstecknadel reicht das Angebot.

Die New Beetle Collection von ausgewählten Herstellern und nach Design-Vorgaben von Volkswagen gefertigt, soll bei VW als ein Marketing-Instrument verstanden werden, um das Image der Marke VW zu stärken. Die intensive Auseinandersetzung der Kunden und Kundinnen mit dem New Beetle soll eine positive Wechselwirkung mit den Accessoires haben – schließlich wird sich der Beetle-Fahrer nicht nur selbst verwöhnen wollen. Die Begeisterung für sein Auto wird Anlaß genug sein, New Beetle-Besitzer mit kleineren und größeren Geschenken rund um seinen Wagen glücklich zu machen.

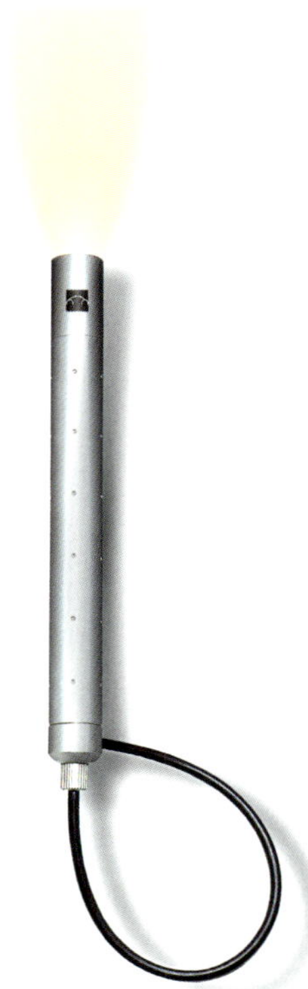

Auf jeden Fall bedeutet die Einführung der Accessoire-Kollektion für VW auch, daß das Wolfsburger Unternehmen die Zeichen der Zeit erkannt hat: Der Kunde eines Automobilherstellers will nicht mehr nur ein Fahrzeug kaufen, sondern – gerade bei einem so emotional besetzten Auto – seine Emotionen ausleben können. Dafür scheint eine originell gestaltete, hochwertig gefertigte und preislich gestaffelte Kollektion der richtige Weg zu sein. Und der Kunde soll einmal mehr wissen, daß er mit dem New Beetle ein Auto der besonderen Art gekauft hat.

Die Motoren.

Motor, Getriebe, Elektrik	85 kW(115 PS)	66 kW (90 PS) Kat-Diesel TDI
Motor-Bauart	4-Zylinder-Ottomotor	4-Zylinder-Dieselmotor
Hubraum, Liter/ccm	2,0/1984	1,9/1896
Bohrung/Hub, mm	82,5/92,8	79,5/95,5
Max. Leistung, kW (PS) bei 1/min	85 (115)/5 200	66 (90)/3 750
Max. Drehmoment, Nm bei 1/min	170/2 400	210/1 900
Verdichtung	10,5	19,5
Gemischaufbereitung	Elektronische Einspritzanlage (Zylinder-Einzeleinspritzung)	Elektronische Direkt-Einspritzanlage Abgas-Turbolader, Ladeluftkühler
Abgasreinigungsmaßnahmen	Katalysator, Lambda-Regelung	Katalysator
Getriebe, serienmäßig	5-Gang-Schaltgetriebe	5-Gang-Schaltgetriebe
Generator, A/Batterie, A (Ah)	70/220 (44)	70/330 (61)

Gewichte, kg		
Leergewicht der Basisausstattung	1 228	1 248
zul. Gesamtgewicht	1650	1675
zul. Achslast vorn/hinten	940/800	970/800
zul. Anhängelasten		
gebremst bei 12%/8% Steigung	1000/1 200	1000/1 200
ungebremst	600	600
zul. Stützlast	75	75
zul. Dachlast	50	50

Höchstgeschwindigkeit, km/h		
mit 5-Gang-Schaltgetriebe	185	171

Beschleunigung (in Sekunden)		
von 0–80/0–100 km/h		
mit 5-Gang-Schaltgetriebe	7,4/10,9	8,8/13,1

Kraftstoffverbrauch, l/100 km		
nach 93/116/EG	Superbenzin, bleifrei oder Normal-	Diesel
mit 5-Gang-Schaltgetriebe	benzin, bleifrei, mind. 91 ROZ	mind. 49 CZ
Städtisch	11,8	6,8
Außerstädtisch	6,9	4,3
Insgesamt	8,7	5,2
CO_2-Emission, g/km	209	140

Die Technik.

Motoren

- *Vorn quer eingebauter Motor*
- *2,0 l/85 kW-Ottomotor: Vierzylinder-Reihenmotor, 2 Ventile/Zylinder, elektronische Zylinder-Einzeleinspritzung, Kennfeldzündung mit zylinderselektiver Klopfregelung, 2 Doppelfunkenspulen, Longlife-Zündkerzen, 3-Wege-Katalysator, Lambda-Regelung*
- *1,9 l/66 kW-Dieselmotor: Vierzylinder-Reihenmotor, 2 Ventile/Zylinder, elektronisch geregelte Direkteinspritzung, Ölkühler, Ladeluftkühler, Abgas-Turbolader mit variabler Turbinengeometrie, Abgasrückführung, Oxidationskatalysator*

Kraftübertragung

- *Frontantrieb über asbestfreie Einscheiben-Trockenkupplung*
- *Hydraulische Kupplungsbetätigung*
- *5-Gang-Schaltgetriebe mit Doppelgelenk-Halbachsen*

Fahrwerk

- *Elektronisches Stabilitätsprogramm (ESP)*
- *Federung vorn durch Schraubenfedern mit Teleskopstoßdämpfern; alle Elemente in Federbeinen integriert. Federung hinten mit Gasdruckstoßdämpfern und separaten Federn*
- *Radführung: vorn durch Federbeine und (untere) Dreiecksquerlenker (spurstabilisierender Lenkrollradius), hinten durch Verbundlenkerachse mit großvolumigen, spurkorrigierenden Lagern*
- *Stabilisator vorn und hinten*

Lenkung

- *Hydraulisch unterstützte Zahnstangenlenkung, höhen- und längseinstellbar*
- *Zusammenschiebbare Sicherheitslenksäule*

Bremsanlage

- *Elektronisch geregeltes Anti-Blockier-System (ABS) mit elektronischer Bremskraftverteilung (EBV)*
- *Diagonal-Zweikreis-Bremssystem mit innenbelüfteten Scheibenbremsen vorn und Scheibenbremsen hinten*
- *Asbestfreie Bremsbeläge*

Aufbau

- *Selbsttragende Karosserie mit formstabilem Sicherheitsfahrgastraum*
- *Airbag-System für Fahrer und Beifahrer*
- *Seitenairbag für Fahrer und Beifahrer*
- *Versteifungsprofile in den Türen und Seitenstrukturen zur Erhöhung der seitlichen Kollisionssicherheit*
- *Verformungszonen vorn und hinten*

Korrosionsschutz

- *Karosserie-Vollverzinkung*
- *Langzeit-Hohlraumkonservierung durch Heißwachs*
- *Kunststoff-Radhausschalen vorn und hinten*
- *Dauerschutzkonservierung für Unterboden und Radhäuser*

Die Abmessungen.

Außen-Abmessungen

Länge, mm	*4 081*
Breite, mm	*1 724*
Höhe, mm	*1 498*
Radstand, mm	*2 508*
Spurweite vorn/hinten, mm	*1 508/1 494*
Rädergröße	*6 ½ J x 16*
Reifengröße	*205/55 R 16*
Wendekreis, m	*ca. 10,8*
Kraftstoffbehältervolumen, l	*ca. 55*

Innenraum-Abmessungen

Effektiver Kopfraum vorn, mm	*1 050*
Effektiver Kopfraum hinten, mm	*932*
Knickmaß vorn, mm	*943–1 127*
Sitzraum hinten, mm	*658– 909*
Ellbogenbreite vorn, mm	*1 397*
Ellbogenbreite hinten, mm	*1 328*

Gepäckraum

Länge, Sitzbank: aufgestellt/umgeklappt, mm	*701/1 242*
Größte Breite, mm	*1 101*
Breite zwischen den Radkästen, mm	*1 000*
Höhe, mm	*496*
Gepäckraumvolumen, l	*209/ 527*

LE 97 631 VOL H1 H1

611 613

Bildnachweis

René Staud-Studios:	Seite 6/7, 8/9, 10/11, 26, 27 unten, 55, 56/57, 58/59, 60/61, 62/63, 76, 146/147, 148/149, 150/151
Peter Vann:	Seite 12/13, 14/15, 16/17, 66/67, 68/69, 70/71, 78/79, 86/87, 88/89, 104/105, 106/107, 108/109, 110/111
VW Museum:	Seite 112/113, 114, 116, 118/119, 120/121
Alberto Venzago:	Seite 122/123, 124/125, 126/127, 128/129, 130/131, 132/133, 134/135, 136/137
Werksfotos Volkswagen AG:	alle übrigen

Die Deutsche Bibliothek – CIP-Einheitsaufnahme

New Beetle / Jürgen Lewandowski ... –
1. Aufl. – Bielefeld: Delius Klasing, 1998
ISBN 3-7688-1085-2

Der Abdruck der Markenzeichen erfolgt mit freundlicher
Genehmigung der Volkswagen AG, Wolfsburg
Herausgeber: VOLKSWAGEN AG, Wolfsburg

1. Auflage
ISBN 3-7688-1085-2

Gestaltung: Gabriele Engel, Ekkehard Schonart
Fotos: René Staud-Studios, Peter Vann, Alberto Venzago,
Volkswagen Museum, Werksfotos Volkswagen
Textbeiträge:
Jürgen Lewandowski:
Die Concept-Cars, Auf dem Weg zur Realität – der New Beetle,
Ein Auto, das für sich spricht, Der Ur-Ahn, der Amerika eroberte,
New Beetle in New York
Herbert Völker:
Gefühl für einen frischen Käfer
Marion Zellner:
Vom Concept 1 zum New Beetle, Beetle im Internet –
Ein weltweit origineller Auftritt, Die Accessoires
Redaktionelle Mitarbeit: Monika Lewandowski
Reproduktion: Service vor dem Druck, Bielefeld
Druck: Kunst- und Werbedruck, Bad Oeynhausen
Printed in Germany 1998